기독교문서선교회(Christian Literature Center: 약칭 CLC)는 1941년 영국 콜체스터에서 켄 아담스에 의해 시작되었으며 국제 본부는 미국 필라델피아에 있습니다.
국제 CLC는 59개 나라에서 180개의 본부를 두고, 약 650여 명의 선교사들이 이동도서차량 40대를 이용하여 문서 보급에 힘쓰고 있으며 이메일 주문을 통해 130여 국으로 책을 공급하고 있습니다. 한국 CLC는 청교도적 복음주의 신학과 신앙 서적을 출판하는 문서선교기관으로서, 한 영혼이라도 구원되길 소망하면서 주님이 오시는 그날까지 최선을 다할 것입니다.

===== 추천사 1 =====

박재은 박사
총신대학교 조직신학 교수

'현재'는 '과거'로부터 시작해 '미래'를 향해 나아갑니다. 그러므로 현재를 올바로 살기 위해서는 과거를 거울 삼아 미래를 조망하는 포괄적 시각이 반드시 필요합니다. 『바빙크 시대의 신학과 교회』(Theologies and Churches in the Bavinck's Era)는 이런 포괄적 시각을 우리에게 선사해 주는 매우 소중한 책입니다.

100년 전 바빙크 시대에 존재했던 초자연주의, 현대주의, 윤리신학 등은 아직도 신학계 전반에 걸쳐 그 위용을 무게감 있게 떨치고 있으며, 바빙크 시대에 존재했던 개혁교회 간의 분열과 갈등, 통합의 움직임도 여전히 전 세계 교회 안에 뿌리 깊이 존재합니다. "해 아래에는 새 것이 없나니"(전 1:9b)라는 전도서 지혜자의 말씀이 유효하다는 사실을 역시 뼈저리게 느낍니다.

그렇다면 이런 현재를 어떻게 살아야 할까요?

『바빙크 시대의 신학과 교회』가 효과적으로 증거하는 것처럼, 과거의 신학 사조를 정확히 파악한 후 그 잣대로 현재를 분별하는 선지자적 시각을 길러야 합니다. 이뿐만 아니라 칼빈주의가 가진 하나님의 절대 주권성이 신학과 교회의 영역에서뿐만 아니라 정치, 경제, 사회, 문화의 전 영역에서 오롯이 드러날 수 있도록 애써야 하며, 네덜란드 개혁교회의 갈등과 통합의 역사를 조망하는 가운데 지혜를 모아 보편교회의 일치 운동에 힘써야 합니다. 바로 이 일을 위해 『바빙크 시대의 신학과 교회』는 대단히 소중한 신학적 마중물이 될 것이라 확신합니다.

혼탁한 이 시대야말로 바빙크가 절실히 필요한 때입니다. 본서를 통해 자기 시대의 신학과 교회를 통전적으로 조망했던 바빙크를 한껏 닮은 '한국의 바빙크'가 많이 탄생하길 진심으로 바랍니다. 이를 통해 시대와 신학과 교회가 갱신되고 회복될 줄 믿습니다.

= 추천사 2 =

박 태 현 박사
총신대학교 목회신학전문대학원 설교학 교수

    본서는 20세기를 전후로 한 '네덜란드 개혁교회와 신학'에 대한 헤르만 바빙크의 신학적 지평과 사유를 명쾌하게 보여 준 3개의 소논문 모음집입니다. 본서가 지닌 특징은 독자들에게 크게 두 가지 유익을 제공합니다.

    첫째, 독자들은 본서를 통해 바빙크의 신학적 방법론, 즉 공정한 역사적 접근법을 엿볼 수 있습니다. 바빙크는 개혁파 신학의 좌표를 정확하게 짚어 내기 위해 먼저 19세기 당대의 신학적 조류들을 소개하되, 역사적 접근으로 그 조류들의 장단점을 공정하게 평가합니다.
    이런 신학적 평가 아래 바빙크는 개혁파 신학의 본질과 중요성을 확신에 가득 찬 음성으로 주장합니다. 바빙크는 신학적 토론에 있어서 결코 독단적 주장을 하지 않고 상대방의 음성을 경청한 후 비로소 개혁파 신학의 장점을 논리적으로 진술합니다. 이런 역사적 접근은 세 개의 소논문 모두에서 동일하게 적용되는 원리입니다.
    둘째, 두 번째 소논문, "칼빈주의의 미래에 대하여"는 제네바의 개혁자 존 칼빈의 발자취를 따라 우리 삶의 모든 영역에서 하나님의 주권과 영광을 추구하는 바빙크의 신앙의 겸손과 열정을 유감없이 드러냅니다. 여기서 우리는 아브라함 카이퍼가 『칼빈주의 강연』(1898년)에서 힘주어 주장했던 "삶과 세상에 대한 포괄적 관점", "광범위한 원리와 일관된 체계"로서의 칼빈주의를 바빙크에게서 동일하게 발견합니다.

신학은 결국 이론에 그치는 것이 아니라 우리의 현재적 삶을 위한 것입니다. 그리고 나 혼자만을 위한 것이 아니라 교회 공동체를 위한 것입니다. 21세기 불신의 시대에 기독교 신앙으로 살고자 하는 모든 독자에게 필독을 강권합니다.

=== 추천사 3 ===

김진흥 박사
시드니신학대학 한국신학부 교수

 초창기부터 개혁주의 신학과 경건은 결코 분리되지 않았습니다. 16세기 개혁주의 전통의 편찬자들로 존경받는 불링거(Heinrich Bullinger, 1504-1575), 버미글리(Peter Martyr Vermigli, 1499-1562), 칼빈(John Calvin, 1509-1564)은 정교한 신학 체계를 남겨 주었을 뿐만 아니라 무엇보다도 그 신학이 그리스도인의 삶 속에서 참된 성경적 경건으로 열매 맺는 일을 잘 보여 주었습니다.
 그러므로 개혁주의는 책을 통하여 '신학 사상'의 관점으로만 소개되고 이해된다면 만족스럽지 못합니다. 칼빈의 시편 찬송, 버미글리의 시편 기도문과 같은 '경건의 열매들'은 그분들의 개혁주의 신학 사상 못지않게 우리에게 개혁주의 진수를 깨우쳐 줍니다.
 교회사를 가르치는 사람으로서, 개혁주의 신학과 경건의 배경을 이해할 수 있도록 도와주는 이런 책이 우리말로 소개되는 일은 참으로 환영할 만한 일입니다. 그런 점에서 네덜란드 개혁주의 혹은 신칼빈주의에 관하여, 특히 그 역사적 배경에 관하여 알려 주는 본서는 한국의 독자들에게 큰 유익이 되리라고 생각합니다.
 본서에 수록된 글들 가운데, 네덜란드 개혁교회의 역사에서 두드러진 '분리'(Afscheiding)와 '애통'(Doleantie) 사건의 역사적 배경에 관한 글, 바빙크에 관한 그의 친구의 전기적 서술, 개혁주의 신앙과 어긋나는 찬송을 국가교회가 강요한 것에 대한 신앙적 저항에 관한 이야기 등은 아마도 대다수 독자에게는 새롭고도 소중한 묵상의 재료가 될 것이라 기대합니다. 유익한 글들을 잘 선정하여 편역하신 이스데반 목사님께 심심한 감사의 마음을 전합니다.

===== 추천사 4 =====

이 태 복 목사
미국 새길개혁교회 담임

 헤르만 바빙크가 들려주는 네덜란드 개혁교회 이야기는 많은 독자에게 생소한 이야기일 수 있습니다. 유럽에 있는 네덜란드에서 꽤 오래 전에 일어난 일들이 이야기의 소재이기 때문입니다.
 많은 인물이 등장하는데 이름부터 생소하고 각 인물에 관하여 아는 바가 거의 없습니다. 많은 사건이 소개되는데 자세한 배경도 진행 과정도 모르니 공감하면서 듣기가 힘듭니다. 그럼에도 불구하고 개혁주의 신학과 신앙을 추구하는 교인이나 신학도나 목회자가 이 책을 읽어 보면 좋겠다고 생각합니다.
 오래 전부터 개혁주의 신학과 개혁주의 교회가 뿌리를 내리고 성장했던 네덜란드에서 개혁교회가 어떤 걸음을 걸었고 어떤 갈등을 겪었고 어떻게 대처했는지를 부분적으로나마 살펴보는 일이 크게 유익할 수 있기 때문입니다. 역사를 통해서 많은 것을 배우고 잘 배울수록 같은 실수를 반복하지 않을 수 있고 더 나은 미래로 나아갈 수 있을 테니 말입니다.
 더구나 본서에 실린 네덜란드 개혁교회 이야기는 역사적 사실에 대한 단순한 기술이 아닙니다. 개혁주의 신학에 정통하며 능통한 신학자가 예리하게 분석하고 친절하게 해석해 주는 해설입니다. 또한, 이 책의 편역자는 개혁주의 신학과 교회에 깊은 애정을 품고 눈에 잘 띄지 않는 자료들을 수집해서 번역한 후 독자들을 위해 한 권의 책으로 만들었습니다.

이런 책이 어디 흔하겠습니까?

그러니 모쪼록 본서를 많은 분이 읽고 한국 개혁교회의 과거와 현재와 미래를 올바른 관점으로 바라보고 해석하고 전망할 수 있으면 좋겠습니다.

=== 추천사 5 ===

최 덕 수 목사
현산교회 담임

'신학 함'(doing theology)의 과정 속에 신학이 정미(精微)해지기도 하지만, 높아진 인간 이성이 쏟아 낸 불순물들로 혼잡해지기도 합니다. 바빙크가 살았던 시대가 그러했습니다. 이런 때는 다양한 철학과 사상이 어떻게 기독교 정통 교리를 어지럽혔는지를 보여 줌과 동시에 기독교 절대 진리를 변증적으로 선포해야 할 필요가 있습니다. 이에 관한 한 헤르만 바빙크가 최적격자였습니다. 그는 다양한 철학과 사상이 난무하는 혼돈과 격랑 속에서 정통 기독교 신앙과 신학을 배우고 익혔습니다.

본서는 이런 과정이 낳은 결과물들입니다. 다양한 신학 사상의 흐름을 보여 주면서 '칼빈주의'가 함의하는 바를 구체적으로 가르쳐 준다는 점에서, 그리고 '분리'와 '애통'이란 두 단어로 표현할 수 있는 네덜란드 교회의 분리와 연합의 역사를 개관하면서 그리스도의 교회가 어떻게 거룩한 교회로 서가야 하는지에 대한 적실한 교훈을 가져다준다는 점에서 본서는 매우 유익합니다.

본서에는 지금까지 출판된 바빙크의 저술과 사뭇 다른 통찰력을 가져다주는 네 개의 글이 첨부되어 있습니다. 기존에 나와 있는 바빙크 전기가 담아내지 못한 인간적인 바빙크의 모습을 소개하는 글, 복음송 도입 문제에 관하여 당시 네덜란드 교회가 어떤 입장을 취했는지에 대한 글 등은 보너스라는 말로 표현하기 부족할 정도로 신선한 깨우침을 가져다줍니다.

성경의 다양한 주제나 사회적 이슈들에 대하여 어떤 입장을 취해야 할지 혼란스러운 경우, 이에 맞는 좋은 논문을 읽으면 막힌 부위가 뚫리는 시원함을 경험하게 됩니다. 어떤 신학 논문은 일반 신자들의 접근을 불허하는 높은 산과 같습니다. 하지만 본서는 그렇지 않습니다. 편역자는 논문을 읽는 일에 어려움을 겪지 않도록 친절하게 각주 작업을 해 주었습니다. 이런 면에서 본서는 모든 그리스도인이 취해야 할 영양분이 농축된 엑기스와 같다고 할 수 있습니다.

그럼에도 본서를 읽지 않는다면 "이는 개혁 신앙인의 직무 유기다"라고 말하는 것은 너무 지나친 처사일까요?

바빙크 시대의 신학과 교회

Theologies and Churches in the Bavinck's Era
Written by Herman Bavinck
Translated and Edited by Stephen J. H. Lee
All rights reserved.
Korean Edition Copyright © 2023 by Christian Literature Center, Seoul, Korea.

바빙크 시대의 신학과 교회

2023년 5월 4일 초판 발행

지 은 이 | 헤르만 바빙크
옮 긴 이 | 이스데반

편　　 집 | 전희정
디 자 인 | 박성숙
펴 낸 곳 | (사)기독교문서선교회
등　　 록 | 제16-25호(1980.1.18.)
주　　 소 | 서울특별시 동대문구 천호대로71길 39
전　　 화 | 02-586-8761~3(본사) 031-942-8761(영업부)
팩　　 스 | 02-523-0131(본사) 031-942-8763(영업부)
이 메 일 | clckor@gmail.com
홈페이지 | www.clcbook.com
송금계좌 | 기업은행 073-000308-04-020 (사) 기독교문서선교회
일련번호 | 2023-39

ISBN 978-89-341-2547-1 (93230)

이 한국어판 저작권은 (사)기독교문서선교회가 소유합니다. 신저작권법에 의하여 한국 내에서 보호를 받는 저작물이므로 무단 전재와 무단 복제를 금합니다.

THEOLOGIES AND CHURCHES IN THE BAVINCK'S ERA

바빙크 시대의
신학과 교회

헤르만 바빙크 지음 | **이스데반** 편역

CLC

 목차

추천사
　　박재은 박사 | 총신대학교 조직신학 교수　　　　　　　　　　1
　　박태현 박사 | 총신대학교 목회신학전문대학원 설교학 교수　　3
　　김진흥 박사 | 시드니신학대학 한국신학부 교수　　　　　　　5
　　이태복 목사 | 미국 새길개혁교회 담임　　　　　　　　　　　7
　　최덕수 목사 | 현산교회 담임　　　　　　　　　　　　　　　　9

편역자 서문
　　이스데반 목사 | 4M자라가는교회 담임　　　　　　　　　　16

제1장 네덜란드의 신학 사조에 대하여　　　　　　　　　　　22
　　1. 서론　　　　　　　　　　　　　　　　　　　　　　　　22
　　2. 초자연주의　　　　　　　　　　　　　　　　　　　　　25
　　3. 호로닝언 학파　　　　　　　　　　　　　　　　　　　　30
　　4. 현대 신학　　　　　　　　　　　　　　　　　　　　　　35
　　5. 위트레흐트 학파　　　　　　　　　　　　　　　　　　　43
　　6. 윤리신학　　　　　　　　　　　　　　　　　　　　　　49
　　7. 개혁파 사조　　　　　　　　　　　　　　　　　　　　　53

제2장 칼빈주의의 미래에 대하여　　　　　　　　　　　　　64
　　1. 서론　　　　　　　　　　　　　　　　　　　　　　　　64
　　2. 칼빈주의의 본질　　　　　　　　　　　　　　　　　　　68
　　3. 네덜란드에서 칼빈주의가 가지는 중요성　　　　　　　　74
　　4. 다른 나라에서 칼빈주의가 가지는 의의　　　　　　　　　94

Theologies and Churches in the Bavinck's Era

제3장 네덜란드의 개혁교회에 대하여	110
1. 서론	110
2. 분리 운동	114
3. 국가교회 내의 개혁 운동과 애통 운동	122
4. 분리 측과 애통 측의 갈등과 통합	132
5. 타 종교의 교세와 세속화 속의 희망	138
부록 1 헤르만 바빙크에 대하여	140
부록 2 신복원 신학에 대하여	173
부록 3 네덜란드 국가교회 내 복음송의 도입: 1834년 분리 운동 내에서의 반응	186
부록 4 벨기에 신앙고백 27-29항	197
부록 5 분리 또는 복귀에 대한 결의 (Acte van Afscheiding of Wederkeer, 1834)	200
참고 자료	206

=== 편역자 서문 ===

이스데반 목사
4M자라가는교회 담임

헤르만 바빙크의 『개혁교의학』 전집[1]이나 단권으로 된 『하나님의 큰 일』[2]과 같은 서적을 읽은 사람들과 헤르만 바빙크의 신학을 들여다보는 일에 그리고 그의 신학이 짚어 주고 있는 성경적 탁월성을 전파하고 공유하는 일에 관심을 가진 사람들은 가능하다면 국내에 아직 소개되지 않은 바빙크의 글들이 지속적으로 번역 출간되기를 바라고 있습니다.

그래서 '다함출판사'와 같은 작은 출판사도 바빙크의 글들을 출판하기 위해 애쓰고 있습니다.[3] 이는 열정 때문입니다. 그 열정은 바빙크의 신학, 즉 개혁 신학이 방대성과 포괄성 그리고 성경적 정확성과 역사적 풍부성 때문에 교회의 신앙을 더욱 부요하게 하는 일에 기여해 온 바를 인식한 결과입니다.

---

[1] 1-4권, 박태현 역 (서울: 부흥과개혁사, 2011). 개인적인 경험으로서 신학교를 가 본 적이 없는 시골 교회의 한 권사님이 유아 세례가 타당한 것인지 질문한 것에 대한 답변으로 『개혁교의학』 제4권 536항-538항에 서술된 부분을 읽도록 해 드렸는데, 놀라운 답변이 되었다고 하시면서 감탄했던 일이 있었다. 목회자는 신학을 전공하지 않은 사람들에게도 풍부한 개혁 신학의 유산을 제공할 의무를 감당해야 한다.
[2] 김영규 역 (서울: CLC, 1999 초판). 동일한 내용의 다른 이름으로 출간된 책은 다음과 같다. 『개혁교의학 개요』, 원광연 역 (고양: 크리스천다이제스트, 2004).
[3] '헤르만 바빙크의 교회를 위한 신학'이라는 시리즈명으로 책을 출간하고 있다.

그러나 우리나라의 교회들은 '장로교회'라는 간판을 건 경우가 다수임에도 불구하고 개혁 신학의 풍요로움에 잘 눈을 뜨지 못하고, 신학과 예배, 전도(또는 설교)와 신앙 행태 전반에 걸쳐서 알미니우스주의(Arminianism)[4]와 열광주의(fanaticism)가 적절하게 혼합된 형식 속에 갇혀 있는 형국입니다. 실상 장로교회다운 장로교회는 여전히 소수라고 해야 할 것입니다.

이것이 왜 그렇게 되었는지 밝히는 일은 간단한 문제가 아니지만 현세 지향주의(또는 인본주의)와 '효과가 있으면 좋은 것'이라는 세속적 실용주의가 교세 불리기식 성장주의 및 체험주의 그리고 하향평준화식 목회와 맞물리면서 교회 속으로 급속하게 침투해 자리를 잡은 까닭으로 보입니다.[5]

아무튼 그렇기 때문에 바빙크 시대에 네덜란드에서 주목을 받았던 보배로운 글들이 21세기 조국 교회 안에서 상당수의 사람들에게 외면받는 현실은 이상한 일이 아닙니다. 그럼에도 불구하고, 국내에서 바빙크의 글이 지속적으로 출간되고 있고 일부의 사람들에 의해 읽히고 있습니다. 그 일부의 사람들은 참된 신학에 목마른 사람들입니다. 그리고 목마른 사람들은 미약하나마 증가하고 있고, 소명받은 대로 참된 신학에 근거한 참된 목회를 꿈꾸며 실행하는 이 시대의 선지자들도 여전히 살아 있습니다(왕상 19:18 참조). 이것은 우리의 희망입니다.

본서는 19세기 말과 20세기 초에 헤르만 바빙크(Herman Bavinck, 1854-1921)가 쓴 논문 중에서 세 편의 논문을 묶은 것입니다. 이 세 편의 논문

---

[4] '알미니우스주의'에 대해 다음 도서를 참조하라. 제임스 패커, 『알미니우스주의』, 이스데반 역 (서울: CLC, 2019).
[5] 이는 신학교의 풍성한 신학적 가르침이 이미 인본주의적 물결 속에 파묻혀 있는 현장 속에서 목회적/선교적 적용에 이르러 둔화 내지 상실되고 있기 때문일 것이다. 신학교는 참된 신학 열개의 목회적/선교적 적용과 개혁에 더욱 심혈을 기울이고, 목회자/선교사는 이를 실행하기 위해 각고의 노력을 기울일 때가 지금이다.

은 각각 네덜란드 내의 신학의 흐름, 칼빈주의의 정착과 부흥, 개혁교회의 역사에 대하여 다루고 있는데, 그 내용은 하나의 주제로 수렴됩니다. 그것은 '칼빈주의의 특색과 그 지향점'입니다.

그러므로 우리는 본서에서 '바빙크 자신이 말하는 칼빈주의'에 대하여 생생하게 들을 수 있습니다. 그 결과로 우리는 소위 말하는 바빙크의 "한 인물론"과 "두 인물론" 사이에서 그가 선 자리가 분명 어디였는지 '바빙크 자신의 입으로부터' 어떤 힌트를 얻을 수 있을지도 모릅니다.

본서에서 우리가 부가적으로 몇 가지 확인할 수 있는 것은 바빙크 자신의 박사 과정 지도교수였던 현대주의 신학자 스홀턴에 대한 엄정한 사후(死後) 비평(제1장 5항), 카이퍼에 대한 바빙크 자신의 평가(제1장 후반부) 및 '칼빈주의'(Calvinism)와 '개혁파'(Reformed)라는 용어 사이의 차이점(제2장 2항)에 대한 바빙크 자신의 간단한 견해입니다.

아울러 부록에서 몇 가지 유익한 내용을 발견할 수 있습니다.

부록 1은 바빙크 사후(死後) 그의 친구 헨리 도스커(Henry Dosker, 1855-1926)가 쓴 찬사의 글로써 개혁파 신학의 '거장' 바빙크를 이해하는 일에 일정한 도움이 될 것입니다.

부록 2는 바빙크의 글에서 언급되지만 우리에게 그다지 익숙하지 않은 '신복원 신학'(neology)에 대한 소개와 간단한 평가를 다루고 있습니다. 18세기 유럽의 신학 조류를 이해하는 데 참고가 될 것입니다.

부록 3은 네덜란드 개혁교회 내에서의 복음송 도입과 그에 따른 분리측 교회의 반응을 소개하고 있습니다. 이 점은 네덜란드 개혁교회에서 목회자들이 찬송의 역할을 얼마나 신중하게 생각했는지를 잘 보여 줍니다. 우리는 여기에서 무언가를 배울 점이 있을 것입니다.

다만 본서를 이해하기 위한 배경 지식이 필요한 분들은 김헌수 목사님께서 쓰신 네덜란드 개혁교회의 역사에 대한 글들을 미리 읽어 보시면 도움이 될 것입니다.⁶

편역자로서 다음의 분들에게 감사드립니다.

본서의 출간을 결정해 주신 기독교문서선교회(CLC) 대표 박영호 목사님, 적절한 추천사를 써 주신 교수님들과 목사님들, 그리고 우리나라 독자들을 위해 소논문들을 본서의 부록으로 사용할 수 있도록 기꺼이 허락해 주신 새뮤얼 파월(Samuel Powell) 교수님과 리이멀 파벌(Riemer Faber) 교수님, 항상 기도해 주시는 장인 강병준 장로님과 장모 이희순 권사님께 감사의 뜻을 표합니다.

바빙크의 글을 읽으면서 본인이 느꼈던 명료함에서 비롯된 청량감, 진취성과 현실 직시성, 칼빈주의에 대한 확신과 교회 갱신을 위한 열정, 하나님께 영광 돌리려는 열망을 독자들도 함께 누릴 수 있기를 소망합니다.

목회적 관점에서 본다면, 본서는 시대적 유행을 따라 사람을 초청하여 프로그램을 돌리는 '트렌드 목회'가 얼마나 허망한 것이며 교인들을 수렁에 빠트리는 일인지를 암묵적으로 경고하고 있으며, 올바른 신학의 토대를 세울 때만 보편교회에 밝은 미래가 있음을 설파하고 있습니다. 이는 이 시대의 목회자들이 얻어야 할 교훈이자 엄숙하게 받아야 할 적용점입니다.

이 점에서 우리는 R. C. 스프로울(R. C. Sproul, 1939-2017)의 말을 새겨들어야 할 것입니다.

---

6 「성약 출판 소식」(2008년 9월 67호, 11월 68호, 2009년 1월 69호)에 실린 연재물 "네덜란드 개혁교회의 역사" 3편을 보라. www.sybook.org에서 검색하거나 catechism.tistory.com/1170 에 걸어 놓은 링크를 통해 볼 수 있다.

내가 생각하기로 오늘날 교회 안에서 가장 큰 약점은 하나님께서 자신의 권능을 성경 안에 부여하셨다는 것을 거의 아무도 믿지 않는다는 점입니다. 모든 사람이 프로그램 안에서, 테크닉 안에서, 이런 저런 것 안에서 권능을 찾고 있습니다. 하나님께서 그 능력을 두신 곳, 하나님의 말씀을 제외하고 말입니다.[7]

끝으로 도스커의 글 한 토막을 인용함으로 글을 맺고자 합니다.

바빙크는 그 자신에게 정직했던 것처럼 진리와 함께 정직했습니다. 그리고 진리를 매우 사랑했기 때문에 진리를 그렇게 부지런히 찾았고, 진리를 분명하게 이해하는 만큼 진리를 해설했습니다.[8]

바빙크 서거 102주년을 지나며
무학산 자락에서

---

[7] 원문은 다음과 같다. "I think the greatest weakness in the church today is that almost no one believe that God invests his power in the Bible. Everyone is looking for power in a program, in a technique, in anything and everything – except where God has placed it: His Word." R. C. Sproul, *The Prayer of The Lord* (Orlando, FL: Reformation Trust, 2009), 101.

[8] 본서 부록 1에서 발췌.

* 일러두기

① 본문의 모든 각주는 독자의 이해를 돕기 위해 편역자가 추가한 것임
② 대부분 경우 각 인물의 완전 성명(full name)과 생몰(生歿) 연도는 정보가 확인된 경우에 한해 편역자가 추가한 것임.
③ 본문의 문단 구분과 소제목의 추가는 편역자가 독자의 편의를 위해 수행한 것임.
⑤ 표지 인물(좌측부터)
- 존 칼빈(John Calvin, 1509-1564)
- 귀도 드 브레(Guido de Brès, 1522-1567): 벨기에(네덜란드) 신앙고백의 저자
- 헨드릭 더 콕(Hendrik de Cock, 1801-1842): 분리 운동의 선구자
- 아브라함 카이퍼(Abraham Kuyper, 1837-1920): 애통 운동의 지도자
- 헤르만 바빙크(Herman Bavinck, 1854-1921)

===== 제1장 =====

네덜란드의 신학 사조에 대하여[1]

1. 서론

19세기의 네덜란드 신학은 국내외 저자들에 의해 수차례 논의됐는데[2] 19세기 동안에 다양한 영향에 종속되었습니다. 네덜란드 신학의 특징은 순서상으로 보면, 사람들 가운데 항상 존재해 온 칼빈주의만이 아니라 헤

---

1 번역 원고로 사용한 영문의 서지 사항은 다음과 같다. "Recent Dogmatic Thought in the Netherlands", Translated by Geerhardus Vos, *The Presbyterian and Reformed Review*, 3 (1892): 209-228. 네덜란드어로는 다음과 같이 간행되었다(영문 논문의 후반부 일부 내용은 제외됨). "Theologische richtingen in Nederland", *Tijdschrift voor Gereformeerde Theologie*, 1 (1894): 161-188. 소제목은 편역자가 붙인 것임.

2 19세기 네덜란드 신학에 관련된 중요한 저술 리스트는 다음과 같다: Chr. Sepp, *Proeve eener pragmatisclie geschiedenis der Theologie in Nederland van 1787 tot 1858*, 3d ed., Leiden, 1859; D. Chantepie de la Saussaye, *La crise religieuse en Hollande*, Leyde, 1860; Dr. G. J. Vos, *Groen van Prinsterer en zijn tijd 1800-1857*, Dordrecht, 1886; Idem., *Groen van Prinsterer en zijn tijd, 1857-1876*, Dordrecht, 1891; Dr. J. H. Gunning, J. Hz., *Het Protestantsche Nederland onzer dagen*, Groningen, 1889; Dr. J. A. Gerth van Wyck, art. "Holland," in Herzog und Plitt, Realenc. fur Prot. Theol. u. Kirche, vi, s. 251-266; Johannes Gloel, *Hollands Kirchliches Leben*, Wurtemberg, 1885; Dr. Adolph Zahn, *Abriss einer Geschichte der Evangelischen Kirche auf dem Europ. Festlande im 19ten Jahrhundert*, 2te Aufl., Stuttgart, 1888, etc. 이 모든 저술과 다른 저술의 정보를 다루는 2차 자료들이 탁월한 유익을 제공할 수 있지만, 대표적인 신학자들의 저술들만으로도 연속적인 신학적 동향의 원리와 성격에 대한 통찰을 제공할 수 있을 것이다. (여기까지의 서지 사항들과 서술은 원래 본문에 있었지만, 독자의 편의를 위하여 편역자가 각주로 처리했음)

베이(Réveil)³에 의해 그리고 나중에는 독일 중재신학(Vermittelungstheologie)⁴과 헬라 철학에 의해 형성되었습니다.

그럼에도 불구하고 네덜란드 신학은 고유한 특징을 가지는데, 아마도 부분적으로 바로 이 사실 때문에 역사는 많은 점에서 다른 나라의 신학과 네덜란드 신학을 구별하게 되었습니다. 네덜란드 신학에 대한 주의 깊은 연구는 가장 심오한 원리들에 대한 중대한 투쟁을 필히 보여 줄 것입니다.

---

3   Réveil는 프랑스어인데 우리말로 '헤베이' 정도의 발음이 난다. 이는 '부흥' 또는 '각성'의 의미를 가진다. 이는 고유 명사로 취급할 경우 우선적으로 스위스 개혁교회와 프랑스 남동부의 개혁파 공동체 안에서 1814년에 일어난 부흥 운동을 말한다.
   프람스마(Louis Praamsma)는 이렇게 말한다. "유럽에서 쓰이는 헤베이(Réveil)라는 용어는 영어 단어인 리바이벌(revival)과 유사한 의미를 내포하고 있다. 두 단어는 모두 영적 생명의 각성을 표현할 때 쓰이는데, 리바이벌은 주로 특정한 도시나 일정 지역에서 한정된 기간 동안만 지속된 영향을 가리키는 반면, 헤베이는 유럽의 여러 지역(스위스, 프랑스, 네덜란드, 스코틀랜드)에서 동시에(19세기 전반) 일어나고 오랫동안 지속된 영향을 가리킨다. 그것은 무기력한 정통주의에 대한 반작용으로 나온 것으로 그 시대에 유행하던 합리주의와 자유주의에 대항한 것이었다. 비록 그것이 개인의 경건에 집중한 것이 분명했지만, 교회들에 개혁의 길을 분명히 제시했고 교회로부터 벗어나지 않았다." 루이스 프람스마, 『그리스도가 왕이 되게 하라』, 이상웅·김상래 공역 (서울: 복있는 사람, 2019), 48.
   프롱크는 네덜란드의 상황에 대해 이렇게 말한다. "네덜란드 부흥 운동(Dutch Reveil)은 서유럽과 북미에서 일어난 다른 운동들과 밀접하게 관련되었는데 이 모든 것은 경건주의와 감리교주의의 산물이었다. 네덜란드 부흥의 지지자들은 우선적으로 그리고 무엇보다도 경건의 실천(praxis pietatis)에 관심을 기울였는데 그들은 바로 이것이 네덜란드 내에서 기독교적 삶으로부터 거의 사라졌다고 느꼈다." Cornelis Pronk, *A Goodly Heritage* (MI: Reformation Heritage Books, 2019), 58, 71. 헤베이와 관련된 전체 내용은 같은 책 57-83을 참조하라.

4   "중재신학은 19세기 신학을 연구하는 학자들이 개신교 정통주의와 자유주의 개신교 사이에서 의식적으로 제3의 길을 개척하려 했던 일부 독일 신학자들을 표현하기 위해 만들어 낸 범주다. … 만일 우리가 중재신학의 범주를 원래의 '페어미틀룽스테올로기'로부터 그와 같은 신학자들의 전체 운동으로 확대한다면, 우리는 많은 19세기 유럽과 미국 신학자가 기독교 사상에 영향을 미치는 겉보기에 대립되는 세력들 사이에(아마도 가장 중요한 예로 자유주의 개신교와 개신교 정통주의 사이에, 또한 그러므로 현대성과 전통적 기독교 사이에) 다리를 놓으려고 시도했던 것들을 볼 수 있다." 다음을 참조하라. 로저 올슨, 『현대 신학이란 무엇인가』, 김의식 역 (서울: IVP, 2021), 322-323. 중재신학과 관련된 전체 내용은 같은 책 321-392를 보라.

신앙과 불신, 복음과 변혁 사이의 경쟁은 네덜란드 신학의 역사를 좌우하는 요소들입니다. 그리고 이 경쟁은 신학으로부터 교회, 학교, 정치, 사회 속으로 옮겨 갔습니다.

한편으로 우리는 옛 초자연주의(Supranaturalism)로부터 흐로닝언 학파(Groningen School)를 지나 현대 신학의 나락으로 떨어져서 지속해서 부정(否定)의 길[5]로 나아가는 경향성을 추적할 수 있습니다.

다른 한편으로 19세기 초에 주로 헤베이의 영향 아래에서 어떤 신앙의 사조(思潮)가 나타나는데, 이 사조는 먼저 신앙의 힘을 변증학[6]과 중재(mediation)[7] 안에서 찾습니다. 그러나 후에는 네덜란드 신학의 역사적인 선례로 돌아가서 국민적인 칼빈주의의 토대 위에 담대하게 정초(定礎)합니다.

---

5   일반적으로, 창조되지 않은 존재인 하나님은 인간의 언어와 사상이라는 일반적 범주에 맞추어질 수 없기에 하나님에 대한 긍정적 진술은 불가능하다고 전제하는 모든 신학을 침묵신학이라고 한다. 결과적으로 침묵신학은 '부정신학'이라고 불리는데, 그 이유는 인간의 언어로 할 수 있는 모든 것은 '하나님은 무엇이 아니다'라는 주장일 뿐이기 때문이다. 예를 들면, 하나님은 유한하지 않고, 변하지 않으며, 멸절되지 아니한다. 따라서 부정신학은, 하나님은 이성적 표현보다는 영적 경험을 통해서만 긍정적으로 알려질 수 있음을 암시한다. 스탠리 J. 그렌츠 외 2인, 『신학 용어 사전』, 진규선 역 (서울: IVP, 2022), 120.

6   변증학은 기독교를 옹호하는 일에 관련된 이론과 실천을 나타내는 용어다. 개혁파 전통 내에서는 수많은 변증 과제가 인식됐으며, 그 가운데는 기독교에 대한 반론에 응답하며 이단적인 주장에 대응하는 일, 신학적 체계들이 이성적인 정합성을 지님을 보이는 일, 신앙의 타당성에 대한 증거를 제시하는 일, 의심을 완화하고 전제들을 탐구하는 일 등이 포함된다. 다음을 참조하라. 켈리 M. 캐픽, 웨슬리 벤더 럭트, 『개혁 신학 용어 사전』, 송동민 역 (고양: 도서출판 100, 2018), 54.

7   '중재'라는 용어는 헤겔에 의해 유명해졌다. 헤겔은 플라톤적인 논리 체계를 더 높은 수준으로 끌어올렸고 새로운 존재론적 신학을 설립하려는 목적을 가지고 대조를 통해 나아갔다. 그러나 아리스토텔레스의 전통에서 중재는 반대 입장 사이의 중간 지점에서 진리를 찾으려는 시도였다. 다음을 참조하라. Matthias Gockel, "Mediating Theology in Germany", *The Blackwell Companion to Nineteenth-Century Theology*, edt. David Ferguson (UK, West Sussex: Wiley-Blackwell, 2010), 304 이하.

이 근본적인 원리들을 옹호하면서 그리고 이런 빛 가운데 관찰할 때, 네덜란드 신학은 심지어 해외의 독자들에게도 순전히 역사적인 관심 그 이상을 일깨울 것입니다.

2. 초자연주의

1) 시대 배경

네덜란드의 개혁교회와 개혁 신학이 전성기에 있던 황금 시대는 그리 길지 않았습니다. 객관성과 권위의 시기인 17세기 중반에 이미 자아(自我)를 중시하는 사상이 등장했고 비평적 관점이 요동치기 시작했습니다. 합리주의(Rationalism)[8]와 범신론(Pantheism)[9], 데카르트주의(Cartesianism)[10]와 콕케이우스주의(Coccejanism)[11]는 각각의 방식으로 사람을 전통의 멍에에

---

8   합리주의는 이성이 진리에 이르는 최고의 길이라는 확신, 또는 심지어는 유일한 길이라는 확신을 말한다. 다음을 참조하라. C. 스티븐 에반스, 『철학・변증학 용어 사전』, 김지호 역 (고양: 도서출판 100, 2018), 137.
9   범신론은 우주가 그 전체로서 하나님이라는 주장이다. 다음을 참조하라. 후스토 루이 곤잘레스, 『신학 용어 사전』, 정원래 외 2인 역 (서울: 그리심, 2014), 198-199.
10 데카르트주의는 원리상 모든 권위와 객관성으로부터의 완전한 해방이었고, 온 우주를 인식론적으로, 주관, 즉 자신의 생각에서 수립하려 한 시도였다. "나는 생각한다. 그러므로 나는 존재한다. 따라서 세상이 존재하며, 따라서 하나님이 존재한다." 모든 전통과 명백하고 확실한, 수학적 방법을 거부함으로써 데카르트는 세상, 하나님, 정신의 존재를 결론지었는데, 이는 많은 이의 환호를 받았다." 헤르만 바빙크, 『개혁교의학 1』, 박태현 역 (서울: 부흥과개혁사, 2011), 262.
11 "콕케이우스주의는 사실상 방법에 있어서 데카르트주의와 연관되어 있었다. 콕케이우스주의 역시 또한 전통적 신학에 대한 하나의 반작용이었으며, 그래서 또한 당대의 세기말경에 데카르트주의와 신속하게 동맹을 맺었다. 요하네스 콕케이우스(Johannes Coccejus, 1603-1669)의 새로운 특징은 오늘날 일반적으로 인정받듯이 그의 언약 교리에 있는 것이 아니었는데, 왜냐하면 언약 교리는 이미 츠빙글리, 불링거, 올레비아누스 등과 네덜란드에서는 스네카누스(Snecanus), 고마루스(Gomarus), 트렐카티우스(Trelcatius), 클로펜부르크(Cloppenburg)와 다른 이들에게서 나타났기 때문이다. 다른 특징이라면 그의 언약적 방법이었다. 콕케이우스의 『하나님의 약속과 언약에 대

서 벗어나게 하려고 했습니다. 국가와 교회가 그들 연합 세력에 저항했으나 무용지물이었고, 그러한 조류는 제지되지 않았습니다.

결국, 18세기는 주관성의 시대가 되었습니다. 그리하여 개혁 신학은 점차적으로 공적 삶으로부터 철회했고 더욱 소박하고 은둔적인 보통 사람들의 공동체 속으로 들어갔습니다. 이렇게 함으로써 개혁 신학은 전적 소멸을 면하게 되었고, 이 후퇴로부터 19세기에는 새로운 활력을 가지고 전진해 나갈 참이었습니다.

다른 한편, 점점 더 많은 수의 사람이 잉글랜드의 이신론(理神論)[12]과 프랑스 철학에 영향을 받아 불신과 변혁을 네덜란드로 끌어들였습니다. 18세기 말에 이르자, 국민적인 개혁 신앙과 난데없이 침입한 신복원 신학(新復原神學, Neology)[13] 사이에서 초자연주의라고 불리는 온건한 사조가 등장하여 19세기까지 영향을 미쳤습니다.[14]

한 교리적 체계』(*Summa doctrinae de foedere et testamento Dei*, 1648)는 성경적, 역사적, 교의학이었고, 성경을 교의학의 원리와 규범으로 삼을 뿐만 아니라 교의학의 대상으로 삼았던 것이다. 그래서 그것은 성경의 신학(*Theologia scriptraria*)을 전통의 신학(*Theologia traditiva*)에 언약(*foedus*)을 작정에, 역사를 사상에, 인간학적 방법을 신학적 방법에 대립시켰다. 이 방법이 가진 위험은 영원하고 불변한 것(언약의 실체[*substantia foederis*])을 한시적이고 역사적인 것(언약의 경륜[*oeconomia foederis*])의 조류에 끌어내려, 결국 그런 식으로 '생성'의 개념을 하나님 자신에게 전가했던 점이다." 헤르만 바빙크, 『개혁교의학 1』, 박태현 역 (서울: 부흥과개혁사, 2011), 262-263.

12 신을 멀리 있는 존재로 보는, 즉 하나님이 우주를 창조했으나 우주에 만들어 놓은 '자연법칙'을 따라서 스스로 그 과정이 흘러가도록 내버려 둔다는 믿음. 다음을 참조하라. 스탠리 J. 그렌츠 외 2인, 『신학 용어 사전』, 99.

13 'Neology'는 '신학문'(新學問) 정도로 직역되지만, 이 단어가 가리키는 개념을 따르면 '신복원 신학'(新復原神學)으로 번역된다. 이는 17세기 중엽 독일에서 활발하게 일어난 운동으로 교회 내에서 신학을 정화하고 원래 순수한 형태의 기독교를 '복원'하기 위하여 당시로서는 '새로운' 계몽주의 사상을 흡수한 신학자들의 신학 사조를 말하기 때문이다. 자세한 사항은 부록 2를 참조하라.

14 초자연주의의 주요 인물들은 다음과 같은 사람들이다.
라이던대학에서는 판 델 파음(Johannes Hendricus van Der Palm, 1763-1840), 판 폴스트(Johannes van Voorst, 1757-1833), 볼헐(Elias Annes Borger, 1784-1820), 클라리써(Johann Clarisse, 1770-1846), 키스트(Nicolaas Christiaan Kist, 1793-1859), 판 행얼(Wessel Albertus van Hengel, 1779-1871) 교수이다. 호로닝언대학에서는 아브레스

2) 초자연주의의 실체

초자연주의의 성격을 묘사하는 것이 어려운 일은 아닌데, 피상성이 주요 특징입니다. 초자연주의는 불신을 추구하지 않았습니다. 오히려 정반대입니다. 초자연주의는 종교를 숭앙했고 경건함을 고백했으며 성경과 기독교를 높이 평가했고 신복원 신학에 강한 혐오감을 가졌습니다.[15]

초자연주의는 벡샤이더(Julius Wegscheider, 1771-1849) 및 파울루스(Heinrich Paulus, 1761-1851)[16]와 같은 성경의 초자연적 기적을 거부하는 자들의 관점에서라면 합리주의적이기를 원하지 않았습니다. 그러나 초자연주의는 합리적이라고 스스로 자부했습니다. 이성은 계시와 함께하면 종교의 영역에서 많은 가치가 있었고, 심지어 종교의 필요성까지 주장했습니다.

(Aeturs Abresch, 1736-1812), 헤팔리에(Paulus Chevallier, 1722-1795), 문팅허(Herman Muntinghe, 1752-1824), 이페이(Annaeus Ypey, 1760-1837) 교수이다.
위트레흐트대학에서는 보넷(Gisbert Bonnet, 1723-1805), 헤링아(Elizaśzoon Heringa, 1765-1840), 로이얄츠(Herman Royaards, 1753-1825), 바우만(Hermannus Bouman, 1789-1864), 핀커(Henricus Egbertus Vinke, 1794-1862) 교수이다. 이들은 유능하고 열정적인 목회자들에 의해 보호와 지지를 받았다. 이들 목회자들은 다음과 같은 사람들이다. 헤이그(Hague)의 델마우트(Isaac Johannes Dermout, 1777-1867), 아른헴(Arnhem)의 돈커 커티어스(Hendrik Herman Donker Curtius, 1778-1839), 돌드레흐트(Dordrecht)의 보스펠트(Paulus Bosveld, 1732-1809)와 에발두스 키스트(Ewaldus Kist, 1762-1822) 그리고 다른 많은 사람이 있다.
여러 많은 자료 중에서 초자연주의의 교의적 경향성을 가장 잘 드러내는 것은 문팅허(Herman Muntinghe, 1773-1827)가 1800년에 저술한 『기독교 신학의 이론적 부분』 (*Pars Theologiae Christianae Theoretica*)이다(본 인명들과 서지 사항은 원래 본문에 있었지만, 독자의 편의를 위하여 편역자가 각주로 처리했음).

15 신복원 신학에 대한 초자연주의의 혐오감은 신복원 신학자들이 자연 종교(자연신학)의 개념을 긍정했다는 점에서 일 것이다. 그러나 초자연주의와 신복원 신학은 계몽주의의 물줄기를 따라 계시의 합리주의적 이해를 인정한 점에서 관점의 차이는 있으나 상치되지 않고 맞물린다. 그리고 결과적으로 이 두부류는 기독교를 부흥시키지 못하고 비슷한 방식으로 쇠퇴한다. 부록 2를 참조하라.

16 벡샤이더와 파울루스는 18-19세기에 성경의 초자연적 계시를 부인한 독일의 합리주의 신학자들이었다.

이로부터 볼 때 초자연주의는 계시와 믿음에서 떠나는 것을 사상의 출발점으로 취하지 않았음을 알게 됩니다. 오히려 초자연주의는 처음부터 계시와 믿음을 내려다보는 높은 관점을 차지했고, 이로부터 추론의 과정에 의해 계시에 도달하고 믿음의 합리성을 설명하고자 했습니다. 물론 성령의 내적 증거(Testimonium Spiritus Sancti)는 이 지점에 있어서 아무런 역할을 할 수 없습니다. 기적과 예언에 대한 주장은 성경의 신빙성을 부인하는 일과 맞물려 그 힘을 잃어버렸습니다. 그리하여 초자연주의는 역사적인 방식을 선택했습니다.

다양한 외적 및 내적 증거의 도움으로, 무엇보다도 신약성경의 진정(眞正)성, 무결성, 신뢰성이 확립되었습니다. 결국, 인간에게서 나온 믿음(fides humana)으로부터 하나님이 주신 믿음(fides divina)으로 올라갈 수 있으므로 신약성경은 믿을 만한 것으로 설명되었고, 예수님과 사도들의 신적 권위를 드러냈으며, 이는 기적과 예언들 때문에 확증되었습니다. 구약의 영감과 권위는 신약의 영감과 권위의 기초 위에 수립되었습니다.

교의학의 형식적인 부분이 이런 식으로 허우적거린 후, 교의학의 자료적인 부분이 다루어졌습니다.

그러나 어떤 부류의 교의학이었나요?

많은 갈채를 받는 어네스티(Johann Ernesti, 1707-1781)[17]의 문법적 주해와 함께, 성경으로부터 소위 말하는 성경신학이 끌려 나왔지만, 이는 교의학이라 불릴 수 없었습니다.

초자연주의는 어떤 통상적인 것들과 피상적인 기독교 진리의 복합체일 뿐, 성경의 심연으로부터 난 것이 아니었고, 개혁파 고백의 영성 및 활력과는 전적으로 무관한 것이었으며, 단지 하나님을 최고의 존재로, 그리스도를 교사로, 사람을 순수하게 이성적인 존재로, 죄를 연약함으로, 회심

---

17 어네스티는 독일의 합리주의 신학자이자 언어학자였다.

을 교정으로, 성화를 덕성을 배양하는 과정으로 바꿔 버린 종교적 교리에 지나지 않았습니다. 한마디로 말해, 초자연주의는 신학에서 이신론이었고, 인간론에 있어서 펠라기우스주의[18]였고, 기독론에서 아리우스주의[19]였고, 구원론에 있어서 도덕주의[20]였고, 교회론에 있어서 교회결사설주의[21]였고, 종말론에서 행복주의[22]였습니다.

초자연주의 분파는 관용적인 태도로 인하여 스스로 가치를 부여하는 데 익숙했지만, 개혁 신학과 경건한 개혁파 신자들이 고려대상에 들어가자마자 즉시 모든 인내와 평정을 잃어버린 것은 당연한 일이었습니다.

다른 한편, 초자연주의는 어중간하다고 비난하는 좌파를 두려워하여 회유적이고 관대한 태도로 끊임없이 좌파의 호의를 구했습니다. 그러나 이는 소용없는 일이었습니다. 새로운 조류가 등장하자마자 초자연주의의 영향은 끝나 버렸습니다.

---

18 이 입장에서는 원죄는 건전한 성경적 교리가 아니며, 인간의 의지는 완전히 자유롭게 선 또는 악을 선택할 수 있다고 단언했다. 그리고 개개인의 구원이나 저주는 바로 이 선택에 달려 있다고 여겼다. 교회가 이 견해를 거부한 것은 주로 히포의 아우구스티누스가 끼친 영향력 때문이었다. 다음을 참조하라. 네이선 P. 펠드머드, 이재근, 『교회사 용어 사전』, 송동민 역 (서울: IVP, 2022), 161.
19 아리우스주의는 성육신 이전의 그리스도(로고스)가 성부 하나님과 동등하며 함께 영원히 거하는 존재였다는 것을 부정하는 유명한 이단설이었다. 아리우스의 주장에 따르면 하나님이 무로부터 그리스도를 창조하셨으며, 그리스도는 하나의 피조물이었다. 그리고 그리스도 이후의 모든 창조를 진행시킬 도구로 지음 받았다는 것이다. 다음을 참조하라. 네이선 P. 펠드머드, 이재근, 『교회사 용어 사전』, 93-94.
20 도덕주의는 삶을 도덕적인 면에서 보거나 삶은 성격상 도덕적이라고 이해하는 관점을 말한다. 다음을 참조하라. 스탠리 J. 그렌츠, 제이 T. 스미스, 『윤리학 용어 사전』, 이여진 역, (고양: 도서출판 100, 2018), 38.
21 교회결사설주의는 교회는 구성원들의 자발적 조직일 뿐이고, 교회의 권위는 교회의 구성원에 의해 발생할 뿐이라는 주장을 말한다.
22 행복주의는 행복이 최고선이자 도덕 책무의 기초라고 단언하는 윤리학 이론을 말한다. 다음을 참조하라. 스탠리 J. 그렌츠, 제이 T. 스미스, 『윤리학 용어 사전』, 144.

3. 흐로닝언 학파

1) 판 후스더의 사상 체계

흐로닝언 신학은 위트레흐트대학에서 1804년부터 1839년까지 철학 교수로 지냈던 판 후스더(Philip Willem van Heusde, 1778-1839)를 정신적 아버지로 가졌습니다. 판 후스더는 저술을 통해서 자신의 철학적 원리들을 발전시켰습니다.

그의 주요 저술은 다음과 같습니다.

(1) 『소크라테스 학파』(*De Socratische School*, 5 vols., 1834-1839)
(2) 『플라톤 철학의 시초』(*Initia Philosophiae Platonicae*, 2 vols., 1827-1831)
(3) 『철학 실천에 관한 서간집』(*Brieven over het Beoefenen der Wijsbegeerte*, 1837)

판 후스더의 사상 체계는 대략 다음과 같습니다. 현시대에 거의 모든 철학자는 편파적입니다. 이 때문에 유물론(materialism)[23]이나 관념론(idealism)[24]으로 빠집니다. 참된 철학은 소크라테스나 플라톤이 그랬던 것처럼 사람 안에서 그 출발점을 취합니다.

사람은 모든 학문을 위한 참된 원천이자 출발점입니다. 사람의 감각 기능은 미학으로 이어지는 모든 예술의 원천입니다. 사람의 지식적 기

---

[23] 유물론은 현실이 전적으로 실제로 눈에 보이는 물질에 의해서만 구성되며, 정신적이거나 물질로 구성되지 않은 실재는 존재하지 않거나 무의미한 것이라는 신념을 말한다. 다음을 참조하라. 후스토 루이 곤잘레스, 『신학 용어 사전』, 171.

[24] 관념론은 철학에서 마음이나 관념(이데아)을 궁극적인 실재로 여기는 사상 체계를 말한다. 종종 물리적 세계의 실재가 물질적임을 완전히 부인하거나, 물리적 실재의 위상을 더 낮은 것으로 여기기도 한다. 다음을 참조하라. C. 스티븐 에반스, 『철학·변증학 용어 사전』, 14.

능은 논리학으로 귀결되는 모든 부류의 초등 순수 학문(μαθήματα)을 일으킵니다. 사람의 갈망 기능은 윤리학에 정초하는 모든 고등 응용 학문(ἐπιστῆμαι)의 원리입니다.

사람 안에 있는 이런 모든 예술과 학문의 뿌리는 아름다운 것들과 참된 것들과 선한 것들에 대한 그의 사랑입니다. 그러나 사람은 단지 원천만은 아닙니다. 사람은 또한 예술과 학문의 목적입니다. 예술과 학문은 모두 하나의 목표를 지향합니다. 즉, 참되고 선하고 아름다운 것들의 본질로 사람을 이끄는 것입니다. 오직 이런 것만이 참된 철학입니다.

이 참된 철학은 예술과 학문의 도움을 받아 참된 목적을 향해 나아가도록 사람을 교육합니다. 결과적으로 '교육'은 판 후스더의 철학 내에서 중심 사상입니다.

물론 사람은 본성적으로 참되고 선하고 아름다운 것들에 대한 사랑과 재능을 소유하고 있습니다. 그러나 이런 사랑은 교육의 필요 안에 서 있습니다. 재능은 계발이 필요합니다. 소크라테스와 플라톤의 철학은 다른 어떤 사상 체계보다 이런 요구를 더 많이 충족시킵니다. 그들은 하늘로부터 땅으로 철학을 가져와서 철학의 관심을 자연으로부터 사람으로 돌렸습니다. 그렇게 하여 이들은 예술과 학문의 복구자요 종교의 혁신가가 되었습니다. 이들의 철학은 이런 특징을 통하여 기독교와 동맹했고 기독교를 위한 준비가 되었습니다. 말하자면 기독교의 선(先)교육(προπαιδεία)이 된 것입니다.

그러나 기독교는 참된 가르침(παιδεία)으로서 더 높은 곳에 섭니다. 그리하여 하나님과 우리 자신에 대한 소크라테스의 철학보다 더 충만하게 우리를 지도합니다. 기독교는 하나님의 거룩하심과 사랑에 대해서, 우리의 죄책과 하나님과의 화해에 대해서 말합니다. 그리스도는 소크라테스보다 더 높은 위치에 섭니다. 그리스도는 참되고, 선하고 아름다운 모든 것의 완전한 전형(典型)입니다.

2) 호로닝언 학파의 설립 배경

이러한 판 후스더의 사상은 차가운 초자연주의의 무미건조한 개념보다 훨씬 더 매력적이었습니다. 판 후스더는 이성과 계시 사이의 대조로 자신을 소모하지 않았습니다. 그는 사람을 향한 계시를 말하지 않고 오직 사람의 교육에 대해서만 말했습니다. 그는 사람을 순전히 이성적인 존재로 여기기보다는, 윤리적이고 심미안(審美眼)적인 존재로 보았습니다. 결과적으로 그는 그리스도의 인격과 같은 추상적인 교리에 그다지 주목하지 않았습니다.

이에 더하여 판 후스더는 매우 흥미 있는 특성을 가졌는데, 생각을 유발하고 진리에 대한 사랑을 고무하는 은사를 소유했습니다. 그러므로 그가 주위에 자신을 스승으로 추앙하는 젊은 사람들의 무리를 곧장 모을 수 있었던 것은 이해하기 어렵지 않습니다.

결과적으로 위트레흐트의 학생들과 호로닝언의 학생들이 판 후스더의 사상적 영향 아래에 들어왔습니다. 곧이어 주목할 만하게 이들 학생 중 많은 사람이 교수와 목회자로서 호로닝언 지역 안에서 서로 가까이 정착했습니다.

판 올트(Johan Frederik van Oordt, 1794-1852)와 호프스테이더 더 호로트(Petrus Hofstede de Groot, 1802-1886)는 1829년에 호로닝언대학의 교수가 되었고, 파로(Louis Gerlach Pareau, 1800-1866)는 1831년에 교수가 되었습니다.[25] 판 헤르벨던(Claudius Henricus van Herwerden, 1802-1881)은 1831년에, 암스호프(Maurits Albrecht Amshoff, 1801-1874)는 1832년에 호로닝언에 있는 교회의 목회자가 되었고, 이 밖에도 여러 사람이 호로닝언에 정착하게 되었습니다.

---

25 판 올트, 호프스테이더 더 호로트, 파로 세 사람은 호로닝언 학파의 3인 창시자로 불린다.

이들 중 열두 명이 1835년에 하나의 단체를 조직하고, 교양 있는 그리스도인들을 위한 정기 간행물 「진리와 사랑」(*Waarheid en Liefde*)을 1837년부터 1872년까지 발행했습니다. 이에 더하여 그들은 신학의 모든 분야를 아우르는 규정집에 그들의 사상을 공식화하여 드러냈습니다. 그리하여 1845년에 『교의학 및 변증학 개요』(*Compendium Dogmatices et Apologetices*)가 출간되었습니다.

3) 호로닝언 신학의 사상 체계

호로닝언 신학의 사상은 판 후스더의 사상과 실질적으로 다르지 않습니다. 그들 모두는 다음과 같은 하나의 사상에 초점을 두고 있습니다.

"계시는 하나님께 순종하는 상태로 인류를 교육하는 것이다."

하나님의 교리 안에서 이 원리는 하나님이 주권자 혹은 심판자로 보이기보다는 오히려 아버지로 보이게 합니다. 사람에 관해 이 원리가 따르는 바는 이러합니다. 사람은 진노의 자녀가 아니라 육욕적이고 사악한 상태에도 불구하고 하나님의 자녀이며, 하나님의 은사를 부여받고 가장 영광스러운 성장을 할 수 있다고 봅니다. 이 목적을 달성하기 위해서 사람에게 교육이 필요합니다.

하나님은 자연과 역사 안에서, 자신의 계시에 의해 사람을 교육하십니다. 하나님은 이런 방식으로 이미 이방인들을 교육해 오셨는데, 이런 이방인들은 자신의 종교를 기독교에 대립시키지 않으며, 다만 좀 더 낮은 수준에 기초해 있을 뿐입니다. 자연신학(*theologia naturalis*)[26]은 계시신학(*theologia revelata*)과 동질이며 계시신학을 위한 준비 단계입니다.

---

26 하나님을 아는 지식을 얻거나 그분의 존재를 증명하기 위해 이성과 경험, 창조 세계의 관찰 결과를 활용하는 신학. 다음을 참조하라. 켈리 M. 캐픽, 웨슬리 벤더 럭트, 『개혁 신학 용어 사전』, 송동민 역 (고양: 도서출판 100, 2018), 109.

기독교는 최고의 종교이며, 하나님에 대한 최고의 계시입니다. 기독교의 본질은 교리에 존재하지 않고 오히려 그리스도의 인격에 있습니다. 그리스도의 전적인 현시(顯示) 안에서, 즉 그리스도의 삶과 죽음 안에서 그리스도는 하나님의 계시자입니다.

그리스도는 계시를 위해 적합한 분입니다. 그 이유는 물론 성부의 영원하고 꼭 필요한 아들이 되심으로써가 아니라, 그리스도께서 땅으로 내려오시기 전에 천국에 이미 존재해 오셨기 때문입니다. 그리스도의 계시 사역은 그분의 죽음에서 중단되지 않았는데, 그리스도의 죽으심은 하나님의 공의를 만족하게 한 것이 아니라 하나님의 사랑을 드러낸 것이며, 필수적인 것이 아니라 단지 하나님께서 허락하신 것입니다.

그리스도의 부활과 승천 이후에 예수님은 자신의 교회를 사용하여 인류에 대한 자신의 신적인 교육을 지속하십니다. 교회는 기독교의 특별한 기관으로서 하나님의 훈련소입니다. 로마가톨릭이 개신교보다 이 점에 대해서 더 잘 이해하고 있습니다. 그리고 유대 회중의 야곱 교회, 로마가톨릭의 베드로 교회, 개신교주의 바울 교회가 가지고 있는 현재의 접점은 미래의 요한 교회의 일부가 될 운명입니다.

4) 호로닝언 신학의 영향

호로닝언 신학은 이런 사상을 가지고 네덜란드 개혁교회 안으로 들어왔습니다. 초자연주의를 쉽게 이긴 후에 호로닝언 신학은 곧장 확산되었는 데, 특별히 네덜란드 북부 지방에 전파되었습니다. 그러나 또한 호로닝언 신학은 옛 정통주의와 1851년 이후 혜성처럼 떠올랐던 현대 신학으로부터 맹렬한 비평의 대상이 되었습니다. 그리하여 호로닝언 학파는 현대주의와 충돌하면서 많은 제자를 잃었습니다.

대체로 보면 흐로닝언 신학은 현대 신학을 위한 길을 준비한 셈이었습니다. 그렇지만 여전히 호프스테이더 더 흐로트의 리더십 아래 많은 사람이 독립적인 신학적 위치를 유지해 왔습니다.

흐로닝언 학파는 현대 신학주의자들 및 정통주의자들과는 구별되게 교회 선거에 영향을 미치는 별도의 기관을 '복음'(Het Evangelie)이라는 이름으로 설립하면서, 이후로 '복음주의자'라고 알려지게 됩니다. 그들은 대학에서 다음과 같은 교수들이 흐로닝언 학파에 속하는 것으로 간주했습니다.

라이던대학에서는 하이델베르크 요리 문답에 대한 중요한 저술의 저자인 호세인(Maurits Albrecht Gooszen, 1837-1916) 그리고 오퍼하우스(Johannes Offerhaus Lzn., 1831-1926), 위트레흐트대학의 칸네히이털(Tjeerd Cannegieter, 1847-1929), 흐로닝언대학의 레이츠마(Anne Tjittes Reitsma, 1806-1880)입니다.

흐로닝언 학파의 기관지는 「신앙과 자유」(Geloof en Vrijheid)라는 정기 간행물인데, 1867년 이후로 월간 발행되었습니다. 결국, 흐로닝언 학파는 초자연주의의 색채를 가지고 현대신학주의자들로부터 지속해서 구별되고자 했습니다.

4. 현대 신학[27]

1) 스홀턴의 사상 체계

현대 신학은 앞서 소개한 두 가지 경향보다 더 묘사하기 어렵습니다. 신학의 측면에서 보면 현대 신학은 광범위하게 다른 특징을 가지고 다양

---

[27] 바빙크 당대의 19세기 현대 신학(Modern Theology)을 지금의 관점에서 '근대 신학'이라 부를 수 있을 것이다. 본서에서는 바빙크 당대의 관점에서 '현대 신학'으로 통일했다. 즉, 본서에서 현대 신학은 '바빙크 당대'의 현대 신학을 의미한다.

한 모습으로 나타납니다. 현대 신학을 생산하는 데 특별한 영향을 미친 네 사람이 있습니다.

라이던대학의 스홀턴(Jan Hendrik Scholten, 1811-1885) 교수는 현대 신학 첫 시기의 교의학자였고, 1864년 이후로는 신약성경에 대한 비평적 관점의 주창자였습니다.

스홀턴의 동료 쿠에넌(Abraham Kuenen, 1828-1891)은 구약성경과 유대 종교에 대한 역사적 비평을 통하여 강력한 도움을 스홀턴에게 주었습니다.

이들의 사상은 위트레흐트대학의 옵조멀(Cornelis Willem Opzoomer, 1821-1892) 교수로부터 명백한 반(反)초자연주의라는 검증을 받았습니다.

마지막으로 암스테르담대학의 메노나이트 신학자 훅스트라(Sytse Hoekstra, 1822-1898)는 현대 신학의 윤리적 경향을 언급했습니다.

스홀턴은 위트레흐트대학의 학생 시절에 당시 가장 지배적이었던 초자연주의에 대해서 이미 불만을 느꼈습니다. 그는 특별히 초자연주의의 두 가지 특징에 반대했습니다. 그것은 불안정한 교의적 기초와 철학적 깊이의 핍절이었습니다.

스홀턴은 곧장 초자연주의와 호로닝언 신학에 반대하는 측면에서 교회의 교리에 더 가까운 접근을 추구했습니다. 슈바이처(Alexander Schweizer, 1808-1888)의 『복음주의 개혁교회 교의학』(Glaubenslehre der evang. ref. Kirche, 1844-1847)은 이런 반대에 대한 스홀턴의 정당성을 강화했습니다.

스홀턴은 1848년에 『제시되고 검증된 자료로부터 나온 기초 원리들 안에 있는 개혁교회의 가르침』(Leer der Hervormde Kerk, in hare grondbeginselen, uit de bronnen voorgesteld en beoordeeld)이라는 자신의 저서 제1권을 출간했고, 1850년에 제2권이 출간되었습니다.

스홀턴은 1864년까지에 이르는 첫 시기 동안은 상당히 보수적이었습니다. 그는 하나님의 인격, 그리스도의 형이상학적 아들되심, 그리스도의 무죄성, 부활과 승천, 신약성경 저술 대부분의 참됨을 보존했습니다

(스홀턴의 저서 참조. 『신약성경에 대한 역사적 비평 서론』[Hist. Krit. Inleiding tot de Schriften des N. T.], 1856).

스홀턴은 심지어 옵조멀을 이교도이자 기독교의 적으로 보면서 그에 대항하여 섰습니다. 그러나 판 오스털제이(Jan Jacob van Oosterzee, 1817-1882)와 쏘쎄(Daniël Chantepie de la Saussaye, 1818-1874)와 같은 사람들은 스홀턴의 저술을 비평하면서 그 기저를 보았는데, 이들은 스홀턴의 보수주의가 단지 일시적일 뿐인 것과 스홀턴이 따랐던 원리가 필연적으로 그를 절대부정으로 인도할 것임을 예견했습니다.

이런 스홀턴의 원리는 성경과 하나님의 말씀 사이의 분리 안에서 교의학의 형식적인 부분을 구성했습니다. 역사적인 설명은 성경의 진리를 세우는 데 충분하지 않았는데, 레싱(Gotthold Ephraim Lessing, 1729-1781)과 루소(Jean-Jacques Rousseau, 1712-1778)는 이 점을 오래전에 보여 주었습니다.

성령의 증언(Testmonium Spiritus Sancti)은 더 이상 성경의 역사적인 내용에 대한 무언가를 증명하는 것과 동등하지 않게 되었습니다. 이런 이유로 인하여 성경과 하나님의 말씀 사이를 구별하는 것이 필요하게 되었습니다. 오직 후자에서만, 즉 성경의 종교적-도덕적 내용에만 정제된 이성이 목격됩니다.

이런 방식으로 스홀턴은 사실과 개념 사이, 기독교와 역사 사이의 결합을 분리했습니다. 교의학의 질료 부분에서 스홀턴은 유심론(唯心論)[28]적 일원론(一元論)[29]의 기초 위에서 나아갔습니다. 이 사상은 스홀턴이 독일 철학으로부터 차용한 것인데, 그는 이것을 개혁 신학에 포함된 것으로서

---

28 유심론은 현실 세계의 모든 것의 궁극적 실재는 정신이며, 정신이 물질보다 우월하다는 입장을 말한다.

29 일원론은 모든 실체(reality)가 궁극적으로 하나라는 견해를 말한다. 예를 들어, 형언할 수 없는 일자(ineffable One)로부터 유출된 것들이 세계를 이룬다는 신플라톤주의(Neoplatonism) 이론이나 모든 범신론적(Pantheism) 체계가 이에 해당한다. 다음을 참조하라. 후스토 루이 곤잘레스, 『신학 용어 사전』, 181.

하나님의 절대 주권과 동일하게 보았습니다. 그러나 이 원리의 비평 아래 개혁파 교리는 거의 아무것도 남지 않게 되었습니다.

스홀턴 자신의 사상 체계에 있어서 명백한 부분은 단지 이것입니다. 즉 하나님은 내재하시고 자신을 모든 피조물 안에 계시하신다는 것 말입니다. 계시는 창조 및 보존과 동일한 시공간을 가집니다. 즉, 탁월하거나 특별한 계시는 없습니다. 하나님은 자신의 모든 일 가운데 자신을 계시하십니다. 즉, 자연 안에, 역사 안에, 특별히 인간 예수 안에, 그분의 삶과 죽음 안에 참종교를 우리에게 내보이십니다.

그러므로 이런 객관적인 현시에 의해서 하나님은 알려지시고, 만물이 하나님의 능력뿐만 아니라 또한 선함과 사랑을 선포합니다. 그러나 사람은 육욕적으로, 즉 이기적이고 사악하게 태어납니다. 결과적으로 하나님의 객관적인 현시(φανέρωσις)를 이해하기 위해서 사람 안에 주관적인 계시(ἀποκάλυψις)가 주어져야 합니다. 이런 주관적인 계시는 사람의 종교적-도덕적 본성의 개발에, 사람에게 있는 이성의 계몽과 마음의 정화에 존재합니다.

그래서 사람은 종교적으로 도덕적으로 개발되어 하나님을 알고, 하나님의 모든 사역 속에서 하나님을 보고, 하나님의 사랑 안에서 믿음을 가지고 하나님의 자녀라는 인식을 하게 됩니다. 자연과 역사 안에 있는, 특별히 예수님의 삶과 운명 안에 있는 하나님의 현시는 매우 분명하고 사람의 도덕적 본성에 강력한 영향을 미쳐서 영구적으로 저항할 수 없게 됩니다.

2) 스홀턴 사상의 확장과 오류 인식

그러나 이들 철학적인 사상들은 처음부터 철저하고 뚜렷하게 해설되지는 않았습니다. 이 사상들은 옛 정통주의의 형식을 너무 많이 입고 있었고, 이를 위해 보수적인 요소들과 너무 많이 혼합되어 있었습니다. 스홀턴 자신은 믿음과 지식, 신학과 철학, 마음과 이성의 화해를 발견했다는 솔직한 확신 속에서 살았습니다. 또한, 스홀턴은 이 확신을 다른 사람에게 부여해 줄 능력이 있었습니다.

곧장 새로운 복음이 많은 설교단에서 열정적으로 선포되었습니다. 스홀턴의 강의에는 많은 사람이 몰려들었습니다. 그리고 그의 저서 『개혁 교회의 가르침』(Leer der Hervormde Kerk)은 짧은 기간 내에 3권으로 된 신규 확장판이 출간되었습니다.

스홀턴의 추종자들 가운데 환상은 거의 보편적이었습니다. 믿음과 개혁파 교리의 온당함이 스홀턴의 가르침에 따라서 세워졌다고 보는 환상 말입니다. 그러나 이 환상은 곧장 일소되었습니다. 이와 관련하여 1864년에 스홀턴 자신부터 반응했습니다. 1864년에 출간된 요한복음에 대한 자신의 저술 서문에서 스홀턴은 공개적으로 선언했습니다. 이전에 성경에서 발견했다고 믿었던 그 자신의 세계관이 교정되자, 더 이상 자신이 가졌던 확신을 소중히 여기지 않는다고 말입니다. 요한의 사상 체계는 스홀턴 자신의 것과는 달랐던 것입니다.

이제 스홀턴은 자신의 사상과 성경의 사상 사이에 일치점이 없고 오히려 깊이 갈라진 틈이 있음을 인식하기 시작합니다. 향후 스홀턴은 튀빙겐 학파(Tübingen School)[30]에 밀접한 방식으로 신약성경의 역사적-비평적 연구에 전념하게 됩니다.

---

30 튀빙겐 학파는 독일의 튀빙겐대학 신학부에서 전통적 신학 방법을 버리고 헤겔의 변증법적 철학을 성경 해석에 적용하면서 붙여진 이름이다. 창설자는 페르디난드 크리스천 바우어(Ferdinand Christian Baur, 1792-1860)이다.

3) 쿠에넌, 옵조멀, 훅스트라의 영향

스홀턴에게 나타난 이런 변화는 분명 그 자신의 원리들을 지속해서 수행한 결과였습니다. 동시에 이는 쿠에넌과 옵조멀이 스홀턴에게 미친 영향 때문이기도 했습니다. 쿠에넌은 자신의 구약성경 비평(『역사비평적 연구』, Hist. Kirt. Inl., 1861)을 통해서 이스라엘의 종교는 어떤 초자연적 요소에 의지하지 않고 충분한 설명이 가능하다는 결론에 이르렀습니다.

옵조멀은 크라우세(Karl Christian Friedrich Krause, 1781-1832)에게 짧은 기간 의지한 후 콩트(Auguste Comte, 1798-1857)와 밀(John Stuart Mill, 1806-1873)의 철학에 영향을 받았습니다. 기적에 어떤 여지도 남겨두지 않는 엄격한 경험주의[31]에 경의를 표하면서 말입니다. 그 결과는 곧장 쿠에넌과 옵조멀 자신에게 드러났습니다. 그들의 경험주의에 근거한 환상은 사라졌고, 믿음과 열정은 난파당한 것입니다.

피얼손(Allard Pierson, 1831-1896)과 부스컨 후트(Conrad Busken Huet, 1826-1886) 같은 일부 목회자들은 직분을 사임하고 교회를 떠났습니다. 다른 사람들은 스홀턴의 일원론에 불만족을 느꼈습니다. 사람들의 마음은 스홀턴의 지성주의가 만족할 수 없었던 것을 요구했습니다. 인간의 도덕적 본성은 스홀턴의 결정론[32]에 안주할 수 없었습니다. 그리하여 현대 신학자들 전체가 스홀턴의 사상 체계로부터 빠져나와 훅스트라와 더욱 긴밀한 협력을 추구하게 되었습니다.

---

31 성경 해석에 적용된 일반적인 수준의 경험주의는 오직 볼 수 있는 것 혹은 경험 때문에 입증될 수 있는 것만 믿을 것이라고 주장하는 사람들의 태도를 가리킨다. 다음을 참조하라. 후스토 루이 곤잘레스, 『신학 용어 사전』, 90.
32 결정론은 인간의 선택과 행동을 비롯한 모든 자연적 사건은 과거의 상태가 낳은 산물이며, 이러한 과거와의 인과 관계가 필연적이라는 관점이다. 다음을 참조하라. C. 스티븐 에반스, 『철학·변증학 용어 사전』, 10.

훅스트라는 헤겔학파가 아니라 칸트학파 내에서 배웠습니다. 훅스트라에 따르면 종교적 믿음의 기초는 이성이 아니라 마음 안에서, 즉 인간의 도덕적 본성 안에서 발견되었습니다. 또한, 스홀턴과 대항하여 훅스트라는 의지의 자유를 변호했습니다. 이 새로운 윤리적 경향은 이제 현대신학주의자 가운데 선두에 서 있으며, 다음과 같은 사상을 주장하기에 이르렀습니다.

> 비록 우리는 이성을 통해서 절대자로서의 하나님께 도달할 수 있어야 하지만, 이 절대자는 우리의 마음이 필요로 하는 하나님은 아닐 것이다. 우리가 필요로 하는 하나님은 우리 자신의 외부에서가 아니라 내부에서 발견된다. 종교는 도덕적 이상, 선을 위한 능력, "너는 해야 한다"는 양심을 향한 헌신이다. 종교는 과학이나 세계관이 아니라 삶에 대한 하나의 특정한 관념이다. 순수한 도덕성, 즉 거룩함이 종교의 내용이다.

이런 경향에 대한 일부 지지자들은 이런 사상을 고백하는 가운데 극단으로 나아갔는데, 이로써 어느 정도의 정당성을 가지고 현대 신학의 '무신론적 그림자'가 언급되기 시작했습니다.

4) 라우번호프의 사상 체계

1868년부터 1878년에 이르는 십여 년의 기간에 걸쳐 현대 신학의 지성주의자들과 윤리적 진영 사이에 격렬한 전쟁이 일어났습니다. 그러나 두 진영 어디에서도 승리를 얻었다고 뽐낼 수 없었고, 화해도 이루어지지 않았으며 오히려 혼란만 가중되었습니다. 양 진영은 각각 반대 진영으로부터 특정한 요소들을 차용했고 결과적으로 다양한 그룹과 미묘한 차이점들이 늘어났습니다.

차이점들은 주로 기원, 본질, 계시 및 종교의 가치에, 종교와 도덕성 사이의 관계에, 그리고 종교와 과학의 관계에 연루되었습니다. 라우번호프(Lodewijk Willem Ernst Rauwenhoff, 1828-1889) 교수의 저서 『종교로부터의 철학』(Wijsbegeerte van den Godsdienst, 1st Part, Leiden, 1887. 1889년 1월에 저자의 사망으로 미완성)이 이런 차이점 들을 통합시키지도 않았습니다.

비록 이 책이 높은 수준의 관심과 호응으로 받아들여졌지만, 스홀턴의 저작이 앞서 1850년대에 보여 주었던 것처럼 현대 신학의 두 번째 시기가 도래했다고 주장할 정도는 아니었습니다. 오히려 라우번호프의 저술은 가혹한 비평을 받았습니다.

라우번호프는 숭앙과 경외의 도덕적 감정 안에서 종교의 '기원'을 추구합니다. 이런 감정들은 어떤 상황에서 원시 시대의 인간 속에서 일어났고, 본성의 능력으로 옮겨진 후에 그 본성의 능력에 신적 속성이 부여되었습니다.

라우번호프에 따르면 종교의 '본질'은 세상의 도덕적 질서에 대한 믿음에 있습니다.

그리고 그 믿음은 과학이 공격할 수 없는 것입니다!

그러나 이 본질, 즉 도덕적 질서에 대한 믿음이 그 자신을 드러내는 형태는 초감각적, 개인적 능력에 대한 믿음인데, 이런 유형의 믿음은 시적 상상의 산물입니다.

이런 사상이 거의 동의를 받지 못하고 일치를 이루지 못했다는 것은 놀랍지 않습니다. 왜냐하면, 현대 신학 그 자체는 파괴에 강하지만 재구축하는 일에는 약하다는 것을 드러냈기 때문입니다.

5) 현대 신학이 보여 준 참혹함

여기까지 묘사된 세 가지 경향성을 슬쩍 회고하는 중에, 우리는 교의적 사상이 이렇게 전개되어 온 가운데 드러난 참혹한 측면과 부딪칩니다. 그것은 우리의 관점에 맞추어진 느린 해체 과정입니다.

이 해체 과정은 신앙고백을 옆으로 제쳐두면서 시작했습니다. 오직 성경만 높여야 했던 것입니다. 다음으로 성경도 역시 퇴짜를 맞으면서 그리스도의 인격은 후퇴하고 맙니다. 한편, 그리스도의 인격과 관련하여 먼저 그분의 신성이, 그다음에는 그분의 선재(先在)가, 마지막으로 그분의 무죄성이 포기되었고, 하나님의 사랑을 우리에게 계시하는 경건한 사람, 종교적인 천재 외에는 아무것도 남지 않게 되었습니다.

그러나 하나님의 존재와 사랑마저도 비판을 견디지 못했습니다. 그래서 사람 안에 있는 도덕적인 요소가 마지막 기초가 되었고 이로부터 물질주의에 반대하여 전투가 수행되었습니다. 그러나 이 기초는 다른 것들처럼 불안정하고 신뢰할 수 없는 것으로 드러날 것입니다.

5. 위트레흐트 학파

1) 헤베이의 영향

부정(不定)의 길 위에서 이러한 사조에 휩쓸려 갔던 사람들의 수가 아무리 많다 할지라도, 네덜란드의 중심은 흔들리지 않았고 오히려 성경과 신앙고백에 충실했습니다. 상위 계층에서 신앙의 부흥은 헤베이[33]에 의한

---

33 헤베이에 대하여 각주 3을 참조하라.

결과였는데, 헤베이는 네덜란드 왕정 회복 이후[34] 개인적인 교류와 저술 때문에 스위스로부터 네덜란드로 이식되었습니다.

그러나 헤베이의 영향을 받은 사람들은 하나로 연합하지 못했습니다. 우선 헤베이는 그다지 명백하지 않았습니다. 그래서 서서히 신앙고백, 신학, 교회, 정부, 대학에 관한 의견의 차이점들이 드러났습니다. 맨 처음부터 존재했던 이들 차이점으로부터, 후에는 구별된 신학적 사조가 과학의 영역에서도 나타났습니다.

2) 판 오스털제이와 두더스의 사상

헤베이의 영향을 받은 일단(一團)의 신자들이 과학적 신학의 영역 내에서 자기주장을 내세우게 된 중요한 첫 활력의 표지는 출판이었습니다. 두더스(Jacobus Isaac Doedes, 1817-1897) 박사, 판 오스털제이(Johannes Jacobus van Oosterzee, 1817-1882) 박사 그리고 몇몇 다른 사람이 편집하여 1845년부터 『과학적 신학 연감』(*Jaarboeken voor Wetenschappelijke Theologie*)을 낸 것입니다. 판 오스털제이는 이 연감의 첫 호에 "변증학의 현 상태에 관한 소고" 그리고 "현시대 과학 발전에 대한 기대"를 게재했습니다. 그는 기독교 진리의 궁극적인 기초를 추론의 지적 과정이나 역사적인 증거가 아니라 감정, 즉 기독교 경험 안에서 추구했습니다.

1846년에 위트레흐트대학의 철학과 교수가 된 옵조멀(Opzoomer)에 의한 가혹한 비평 이후, 판 오스털제이는 곧장 같은 간행물에서 다음과 같이 선언했습니다. 이전에는 슐라이어마허 학파로부터 잘못 인도함을 받아 주관주의의 오류로 떨어졌지만, 지금은 실제를 기독교 진리를 위한 최우선적이고 객관적인 증거로 간주한다고 말입니다. 그는 이렇게 물러서

---

34 빌럼 1세가 왕으로 즉위한 1815년 이후를 가리킨다.

면서 그의 동료 두더스가 한동안 추종했던 경로 위에 올라탔습니다.

판 오스털제이와 두더스는 처음에는 로테르담(Rotterdam)교회의 동료 목회자였다가 위트레흐트대학에서 교수직을 맡으면서 한 번 더 연합했습니다. 오스털제이는 1863년에, 두더스는 1859년에 각각 신학과 교수가 된 것입니다.

그들은 독특한 재능과 은사를 가지고 있었지만, 이 두 친구 사이에는 중요한 신학적 차이도 있었습니다. 그것은 믿음과 지식 사이의 관계에 대한 의견의 차이였습니다. 두더스는 엄격하게 말해서 하나님과 신적인 것들에 관해서 지식은 불가능하다고 판단했습니다. 결과적으로 그는 믿는 것과 아는 것 사이에 날카로운 구별을 두었습니다.

반면 판 오스털제이는 믿음으로부터 나오는 신학은 의심의 여지 없이 일종의 과학, 즉 특정한 과학, 다시 말해 믿음의 과학이라고 판단했습니다. 그럼에도 불구하고 다른 어떤 고등 학문의 분야와 마찬가지로 엄격하게 과학이라고 보았습니다.

그러나 다른 점들에 대해서 이들 두 교수 사이에 존재했던 일치는 위트레흐트 학파의 제자들 가운데 이런 차이점을 지워 버렸습니다. 이 일치는 아주 멀리까지 확장되었습니다. 교의학의 형식적인 부분에 있어서 두 사람은 옛 초자연주의를 갱신시켰습니다. 믿음의 궁극적인 기초는 역사적 증거에 존재한다는 것입니다.

그들의 설득력 때문에 사람을 믿음으로 인도하는 일에 있어서 이러한 역사적 증거들은 마음의 특정한 경향성, 즉 도덕적 수용성에 의존한다는 것이 인정되었습니다. 믿음이 놓여 있는 증거들은 용어적인 엄밀한 의미에서 증거들이 아니라 그저 믿음의 기초일 뿐이며, 이는 주관적인 확신 때문에 보충되고 강화되어야 합니다. 그러나 여전히 믿음의 기초는 지식의 범주 내에 존재합니다. 사전 조사가 없다면 아무것도 수용되어서는 안 됩니다.

두더스는 한때 이런 주장을 하는 데까지 나아갔습니다. "어리석은 자는 그의 마음에 이르기를 하나님이 없다 하는도다"라고 할 때, 그 어리석은 자가 옳은지 아닌지 먼저 물어볼 필요가 있을 것이라고 말입니다.

판 오스털제이와 두더스는 신학적 관점을 믿음 '안에서'가 아니라 믿음 '앞에서' 그리고 믿음 '바깥에서' 선택했습니다. 그들의 노력은 흐로닝언 학파와 현대주의자가 언쟁을 일으켰던 시기에 큰 자기 확신을 가진 채 정통에 대항하여 시작된 것입니다. 그런 까닭에 그들은 이들 양대 사조에 대항하여 그들의 믿음을 정당화하기 위한 의무를 감지했습니다.

따라서 판 오스털제이는 자신의 교의학을 독단적으로 구성하기 전에 광범위한 변증적 토대를 세웠습니다. 변증학과 논증법은 위트레흐트대학의 교수들이 다른 수단들에 비해 더 즐겨 사용하기를 좋아했던 무기들이었습니다.

위트레흐트대학의 교수들은 초자연주의 때문에 신학의 독립성을 충분하게 주장하지 못했고, 믿음을 지식에 노예적으로 의존시키는 위치에 두었다고 보는 것이 맞을지도 모릅니다. 그러나 우리는 그들의 시대에는 이런 입장이 아마도 유일하게 지지를 받을 수 있었음을 잊지 않아야 합니다.

물론 판 오스털제이와 두더스는 흐로닝언과 현대 신학 학파의 지지자들을 끌어들이지는 못했지만, 그들 자신의 지경 내에서 많은 사람의 약하고 흔들리는 믿음을 강화하고, 앞으로 이어질 사람들을 위한 길을 준비했던 것입니다.

3) 판 오스털제이와 두더스의 한계

판 오스털제이와 두더스의 교의학의 내용은 이런 변증적 관점에 밀접하게 의존했습니다. 그들과 그들의 반대자들을 갈라놓는 깊은 틈에 비해 신자들 간에 있는 교의적 내용의 차이점들은 중요하게 취급되지 않았습니다. 판 오스털제이와 두더스는 신자들 간에 있는 차이점들의 중요성을 언급하지 않았습니다. 그들은 신앙고백적인 인식을 고양하지도 않았습니다. 그들은 기독교의 성 외곽을 포기함으로써 성 내부를 구할 수 있다면 만족한 것입니다. 그들은 어떤 특정한 개혁파 교리에 강조점을 두기보다는 기독교의 주된 진리들을 용감하게 고백하고 보호했습니다.

판 오스털제이의 모토는 이것이었습니다.

> 기독교는 이름이라면, 개혁파는 별칭이다
> (*Christianus nomen, Reformatus cognomen*).

그의 교의학은 헤베이의 신학, 즉 종교개혁이 지닌 불변의 진리를 넘어서지 않았습니다.

두더스는 훨씬 더 뒤로 돌아갔고 자신의 저서 『구원의 교리』(*Leer der Zaliyheid*)에서 간단한 성경신학을 제시했습니다. 그러나 그들은 온건한 정통 신학의 옹호자가 됨으로써 더욱 엄격한 정통주의 신학으로 나아가는 후기의 운동에 합류할 수 없었습니다. 오히려 그들은 그런 철저한 고백주의에 대하여 강한 반감을 느꼈습니다.

판 오스털제이는 자신의 생애 마지막 기간에 철저한 고백주의에 대항하여 자신의 목소리를 높였습니다. 예로써 1880년에 발표한 소논문 『영감(靈感)』(*Theopneusty*)이 있습니다. 두더스는 고백주의에 대하여 강한 저항을 표명했습니다. 그는 1880년도에 『벨기에 신앙고백』(*The Belgic Confession*), 1881년에 『하이델베르크 교리문답』(*The Heidelberg Catechism*)을 출간하면서, 두 신앙고백서에 대하여 날카롭지만 다소 피상적인 비평을 가했습니다.

4) 판 오스털제이와 두더스의 영향

비록 판 오스털제이와 두더스는 빠르게 성장했지만, 정통주의에 따라 버린 바 되었고, 그럼에도 불구하고 네덜란드의 교회와 신학에 상당한 가치를 보여 주었습니다. 정통 신앙을 시대에 뒤지고 버려진 관점으로 간주하던 시기에, 그들은 그리스도를 고백하기를 부끄러워하지 않았으며 그리스도 때문에 많은 치욕과 경멸을 받았습니다. 그들은 교회 안에서 성경과 신앙고백서의 위대한 진리들을 담대하고 용기 있게 선포해 온 목회자의 세대를 훈련했습니다.

1890년대까지 개혁교회 안에서 신실한 목회자들의 다수는 그들의 제자들, 즉 그들의 영적 자녀들로 구성됩니다. 대학 안에서는 그들의 관점이 다소간 수정되어 제시되었는데, 다음과 같은 사람들에 의해서입니다.

위트레흐트대학에서는 『신학과 철학에 관한 논문집』(*Bijdragen op het Gebied van Godgeleerdheid en Wijsbegeerte*)을 공동 출간한 크라멀(Jacob Cramer, 1833-1895)과 라멀스(Gijsbert Hendrik Lamers, 1834-1903) 교수, 암스테르담대학에서는 판 토우레넌벨헌(Johan Justus van Toorenenbergen, 1822-1903) 교수 그리고 위트레흐트대학의 판 레이원(Jacobus Adrianus Cornelis van Leeuwen, 1870-1930) 교수와 흐로닝언대학의 크러에이프(Ernst Frederik Kruijf, 1834-1914) 교수입니다.

6. 윤리신학

1) 더 라 쏘쎄의 사상

비록 위트레흐트 학파가 발휘한 영향은 매우 컸지만, 그들의 견해가 모든 사람의 승인을 얻지는 못했습니다. 그런 가운데 슝터피 더 라 쏘쎄(Daniël Chantepie de la Saussaye, 1818-1874)라는 인물에게서 새로운 신학 사조가 나타났습니다. 그는 1818년에 태어나서 1842년에 레우발던(Leeuwaarden)에서, 1848년에 라이던(Leiden)에서, 1862년에 로테르담에서 목회자로 지명되었고, 1872-1874년 사이에 흐로닝언대학에서 교수로 섬겼습니다.

더 라 쏘쎄는 호감을 주는 인격을 가졌고, 깊이 사고하는 사람이었으며, 힘 있는 설교자였습니다. 그런데 현존하는 학파 중 어떤 사람도 그를 완전히 만족시킬 수 없었습니다. 헤베이는 충분히 신학적이지 못했고, 흐로닝언 학파는 철학이 빈약했고, 정통주의 사조는 과학적인 정신이 부족했고, 현대 신학은 불신으로 가득했기 때문입니다.

더 라 쏘쎄는 무언가 다르고 나은 것을 찾아다녔고, 마침내 니이츠(Karl Immanuel Nitzsch, 1787-1868), 트베스튼(August Detlev Christian Twesten, 1789-1876), 뮬러(Julius Müller, 1801-1878), 도어나(Isaak August Dorner, 1809-1884) 같은 사람들의 독일 중재신학 안에서 발견했습니다. 그는 이들 신학자와 마찬가지로 믿음과 과학 양편 모두를 유지하기를 원했습니다.

정통 교의학은 단순하고 의심하지 않는 믿음으로 관례적인 방식 안에서 수용될 수 없었고, 성경의 권위를 우선적인 것으로(*a priori*) 단정함으로써 자유로운 조사를 배제했습니다. 정통 교의학은 믿음 앞에 교리를 두었고, 믿음을 이성적인 행위로 바꾸었으며, 결과적으로 파괴적인 합리주의에 시달렸던 것입니다. 더욱이 칸트 철학과 성경에 대한 역사 비평 때문에 정통 교의학의 관점은 오랫동안 저울질되었습니다. 그러므로 종교와 도덕의 영역 안에서 진리에 접근하기 위해 다른 경로가 반드시 따라와야 했습니다. 이것이 바로 윤리적 방법입니다.

윤리적 방법이 의미하는 바는 사람은 추론이나 이성에 의해서가 아니라 참사람으로서, 즉 도덕적 존재로서 자신의 능력 안에서 자신의 영혼, 즉 마음 곧 양심에 의해 진리를 알고 이해하는 것입니다.

성경에서 동일한 내용을 표현하자면 이러합니다. 물과 성령으로 난 사람만이 하나님 나라를 볼 수 있습니다(요 3:3, 5). 하나님의 뜻을 행하는 사람은 누구든지 예수님의 교훈, 즉 하나님의 교훈을 이해합니다(요 7:17). 그런 사람은 성경, 교회, 역사적 증거의 외적 권위에 대한 토대를 믿지 않고, 오히려 진리 그 자체가 수반하는 증거에 대한 자기 자신의 경험적 토대를 배타적으로 믿습니다. 그런 사람은 순수하게 지적 과정에 의해서 다수의 정통 명제들에 동의하는 것이 아닙니다. 그런 것은 참된 믿음이 아닙니다.

믿음은 지적 행위가 아니라 마음의 문제입니다. 곧 믿음은 생명입니다. 믿음은 우리 안에 있는 성령의 생명입니다. 즉, 믿음은 우리의 모든 윤리적 열망의 만족, 즉 참되고, 완전하고, 본성적이고, 진정한 인간의 생명입니다. 그런 믿음의 내용은 어떤 이론적인 교리, 즉 어떤 체계나 신앙고백이 아닙니다.

진리는 지적인 것이 아니라 본래 전적으로 윤리적인 것입니다. 진리는 인격적이고, 살아계시는 그리스도 자신과 동일합니다. 참된 신자들은 그들의 마음에 살아계시고 인격적인 그리스도와 교통을 유지하는 사람들입니다. 그리스도에 대한 그들의 고백이 얼마나 잘못되었든지 간에 참된 신자들은 그리스도 안에서 진리의 공유자가 됩니다. 그러나 마음 안에 머무는 이 믿음의 생명은 마음 안에 꿈쩍하지 않은 채 남아 있지는 않습니다.

이 믿음의 생명은 전인(全人)을 통제하여, 그의 행위 안에서 믿음의 생명을 드러내고, 그의 지성 안에 있는 의식에 도달합니다. 그러므로 신학의 의무는 사고(思考)에 의해 이 믿음의 삶 내부로 들어가는 것과 이 삶을 명확하게 규정하는 것입니다.

따라서 교리는 삶을 따르도록 만들어졌습니다. 교의학은 윤리학 위에 세워집니다. 교리는 믿음의 삶에 대한 결코 무오하지 않은 하나의 설명서에 불과합니다. 결과적으로 교리는 끊임없이 새로운 비평에 종속되어야 합니다. 교리는 좋은 광석을 점토 혼합물로부터 분리하기 위한 것처럼, 아낌없이 도가니에 던져져야 합니다. 이 점에 있어서 위험이라 할 만한 것은 절대 존재하지 않습니다. 형태는 바뀔지 몰라도 본질은 남습니다.

믿음의 생명은 어떤 교의적 공식이나 어떤 역사 비평의 결과에 의존하지 않습니다. 믿음의 생명은 그 자체에 원인이 있으며 스스로 새로운 형태를 창조합니다. 교회는 이런 비평의 과정에 의해 잃을 것이 아무것도 없고 오히려 모든 것을 얻습니다.

2) 더 라 쏘쎄의 중재신학적 교리 재건

특별히 더 라 쏘쎄에 따르면 현 시기는 모든 교리의 재건이 필요한 가운데 서 있었습니다. 교리의 스콜라주의적 형태를 폐기하고, 윤리적으로 교리를 새롭게 하고 기독론적으로 교리를 재구성하기 위해 무거운 책무가 신학에 맡겨졌습니다. 영감, 삼위일체, 창조, 그리스도의 배상 등 모든 교리가 그러한 리모델링에 종속되었습니다. 쏘쎄 그 자신이 이런 방향으로 노력했습니다.

개별 교리에 관해서라면 이런 노력의 결과가 무엇이었을지 생각해 내기는 쉬운 일입니다. 예를 들어, 선택은 더 이상 하나님의 영원한 작정이 아니라 하나님이 자신을 사람과 개인적으로 소통시키는 행위가 되었습니다. 배상은 더 이상 하나님의 율법을 충족시키는 것과 하나님의 진노를 진정시키는 일에 존재하지 않았습니다. 오히려 그리스도의 성육신 안에서 시작되고, 그의 죽으심에서 지지 되고 완성된 하나님과 사람의 연합에 존재했습니다. 이 모든 해설에 있어서 독창적인 것은 거의 없었습니다. 이전에 독일의 중재신학이 이런 개념들을 정교화시켰기 때문입니다.

3) 더 라 쏘쎄의 영향

그럼에도 불구하고 네덜란드 신학 역사에 있어서 더 라 쏘쎄의 중요성은 간과되지 않아야 합니다. 그의 힘 있고 매력적인 설교로 인해 많은 사람에게 있어서 그는 풍성한 복이 되었습니다. 그는 합리주의와 경험주의를 온 힘으로 저항했고 죄의 어둡게 만드는 영향을 분명하게 제시했으며 그리고 진리의 지식에 도달하기 위한 중생의 필요성을 단호하게 주장했습니다.

그는 위트레흐트 신학의 이점을 가졌습니다. 즉, 그는 광범위하고 불안정한 변증학의 기초 위에서 자신의 믿음의 진실성을 입증할 의무에서 벗어났다고 느꼈고, 또한 현대 신학자들에 대항하여 인간의 양심에 직접 호소할 수 있었던 것입니다.

그러나 여전히 더 라 쏘쎄를 의식적으로 추종하는 사람의 수는 다소 적었습니다. 그리고 그가 대학에서 활동한 기간은 하나의 학파를 형성하기에는 너무 짧았습니다. 그는 후닝(Johannes Hermanus Gunning, 1829-1905)이 유능한 조력자임을 발견했는데, 후닝은 이전에 헤이그에서 목회했고, 후에는 암스테르담대학과 라이던대학에서 교수로 섬겼습니다. 후닝은 충실하게 더 라 쏘쎄의 사상을 도입했지만, 또한 그것들을 특정한 신지학(神智學)적[35] 그리고 묵시적 관점에 결합했습니다.

---

35 신지학은 신적 본질 및 우주의 기원과 목적에 대한 중개되지 않은 직접적인 지식을 얻는 일에 중점을 둔다. "신지학은 항상 두 가지 문제에 연관되는데 하나님과 세상, 그리고 영혼과 육체 사이의 전이(轉移)다. 첫 번째 문제는 세상의 기초란 하나님의 본성 가운데서 발견되며, 그리고 신통기(theogonie), 하나님 내부의 삼위일체론적 과정은

더 라 쏘쎄의 신학 사조는 다음과 같은 대학 교수 중에서 나타났습니다. 암스테르담 대학에서는 『종교과학 편람』(Lehrbuch der Religionsgeschichte, 1878-1889)의 저자인 그의 아들 슝터피 더 라 쏘세(Pierre Daniël Chantepie de la Saussaye, 1848-1920), 위트레흐트대학에서는 발레톤(Josua Jan Philippus Valeton, 1848-1912), 호로닝언대학에서는 판 데이크(Isaäc van Dijk, 1847-1922), 빌더보어(Gerrit Wildeboer, 1855-1911), 그리고 판 라인(Cornelis Hendrikus van Rhijn, 1849-1913)입니다. 또한, 다우반톤 박사(François Elbertus Daubanton, 1853-1920) 등 몇몇 목회자는 윤리신학의 원리를 옹호하는 정기 간행물 「신학 연구」(Theologische Studiën)를 편집했습니다.

7. 개혁파 사조

1) 기독개혁교회의 설립

변증신학과 윤리신학은 올바로 평가할 가치가 있지만 두 가지 결함에 시달렸습니다.

첫째, 원리적으로 현대 불신의 공격을 항구적으로 저항할 수 있게 해 주는 내적 일관성이 결핍되었습니다.

우주진화론(kosmogonie)과 다소 동일시되거나 최소한 평행선상에 놓여진다는 생각에 의해 해결된다. 하나님 자신이 먼저 세상의 과정 안에서 그리고 그 과정을 통해 자기 본질의 완전한 발전에 이른다. 두 번째 문제는 동일한 방식으로 '영혼-육체'(Geistleiblichkeit)의 사상에 의해 해결된다. 영적인 것, 하나님, 영혼은 엄격한 의미에서 비육체적이 아니라, 당연히 물질이 아닌 초물질적이다. 그리고 영(靈)도 또한 육체, 세상을 정신적 승화와 신령화하는 것을 그 임무로 하는데, 육체와 세상이 조악한 물질인 것은 죄의 결과다."(헤르만 바빙크, 『개혁교의학 1』, 238)

둘째, 바로 이 사실 때문에 변증신학과 윤리신학은 신자들 가운데 개혁파 진영의 지지를 얻을 수 없었습니다.

연합에 대한 모든 시도가 허사로 돌아감이 명백해지자마자, 화해와 중재의 기간 이후에는 분리와 분파의 기간이 이어질 것을 쉽게 예측할 수 있습니다. 그런 기간 속에서 각종 냉대와 억압에도 불구하고, 신자들 가운데 많은 사람이 개혁파 진리 안에 충성스럽게 남았습니다.

19세기 초에는 소수의 목회자만이 개혁파 진리를 붙드는 일에 동조했고, 경건한 사람들은 교회의 황폐함을 호소하면서 비밀집회소에서 만났으며 옛 신학자들의 글에서 영적 양분을 받아야 했습니다. 상황은 실로 극심하게 슬펐습니다. 깊은 영적 수면(睡眠) 상태가 전체 교회 위에 쏟아부어진 것입니다. 차가운 초자연주의가 어디서든 최고로 지배했습니다.

이에 더하여, 1816년에 왕은 정당성이나 필요성 같은 것도 없이 장로교 체계와는 전적으로 다른 조직과 정치 체제를 네덜란드 국가교회[36]에 강요했습니다. 그러므로 이에 대한 불평과 불만의 저항이 적지 않았습니다.

그러나 1834년이 되어서야 행동을 위한 용기를 얻게 되었습니다. 하나님의 말씀과 교회의 신앙고백에 따라 말하고 행동하는 것을 금지당하면서, 많은 신자가 벨기에 신앙고백 29항[37]에 동의하여 거짓 교회에서 분리하는 것처럼 네덜란드 국가교회로부터 스스로 분리했고, 그리하여 현재의 "기독개혁교회"를 낳았습니다.[38]

---

36 네덜란드어로는 Nederlandse Hervormde Kerk(NHK)이며 문자적 번역은 '네덜란드 개혁교회'인데, 스페인의 압제하에서 벗어나면서 '민족교회' 또는 '국민교회'로 존재했으며, 19세기부터 국가의 통제를 받아 자유주의의 길을 가게 되었으므로 본서에서는 '네덜란드 국가교회'로 통일해서 기재한다.
37 벨기에 신앙고백 29항은 부록 4를 보라.
38 1869년에 네덜란드어로 "Christelijke Gereformeerde Kerken(CGK)"이라는 이름으로 설립되었다.

비록 이 분리가 처음에는 매우 영향력이 있었고 나중에도 지속으로 증가하게 되었지만, 여전히 이 분리에 가담한 사람들의 숫자는 적었습니다. 더 많은 사람이 옛 교회의 울타리 내에 남았던 것입니다.

2) 빌덜데이크와 프린스터럴

그러나 헤베이의 영향을 받은 사람들 가운데 일부는 개혁파 진영의 사람들에게 더 가까이 접촉하고자 했습니다. 이들 중 선두에 선 사람은 위대한 시인 빌덜데이크(Willem Bilderdijk, 1756-1831)였습니다. 그는 주로 두 가지 측면에서 개혁파 사조를 위한 주요 인물이 되었습니다.

첫째, 빌덜데이크는 모든 종류의 이신론, 합리주의 그리고 펠라기우스주의에 대항하여 하나님의 절대 주권에 대한 고백을 보호하고, 그것을 시와 산문에서 끈기 있게 옹호하고 드높였습니다.

둘째, 그는 라이던에 머무는 동안 일단의 제자 그룹을 만들고, 모임 안에서 주로 네덜란드 역사와 관련하여 다양하고 중요한 주제를 논의했습니다.

당시의 시대정신에 반대하는 빌덜데이크의 저항에 참여한 제자 중에 주목할 만한 인물은 흐룬 판 프린스터럴(Guillaume Groen Van Prinsterer, 1801-1876)이었습니다. 그는 플라톤을 공부했고, 네덜란드 역사를 연구했으며, 이후 헤베이의 영향을 받은 사람들과 교제했는데, 이로써 그저 일반적인 개념에서 긍정적 기독교만이 아니라 더 나아가 특정한 기독교적-역사적 중요성이 있는 확신에 이르렀습니다. 프린스터럴 자신의 증언에 따르면 자신의 기독교적-역사적 또는 반(反)혁명적 훈련이 완성된 것과 그 원리들의 개요가 마련된 것은 1831년이었습니다.

3) 흐룬의 영향

시초부터 흐룬은 헤베이 계열의 사람 중에 특징적인 위치를 점유했습니다. 흐룬은 자신의 조국과 국민의 역사에 자신을 부착시키면서, 국가의 기독교적 성격과 개혁파 신앙고백의 정당성을 강조했습니다.

흐룬은 1842년에 헤이그의 다른 여섯 신사와 함께 네덜란드 국가교회 총회에 흐로닝언 학파에 대항하여 개혁파 신앙고백의 정당성을 보존하기 위한 성명서를 제출했습니다. 1842년은 네덜란드 국가교회 가운데 고백적 그룹의 탄생 연도라 불릴 수 있는데, 이로부터 신앙을 가진 기독교인들의 다양한 그룹 사이에서 분리가 시작됐습니다.

그러나 그 파열은 더 확장될 운명에 처했습니다. 흐룬은 1840년에 자신이 출간한 중요한 저작을 방어하기 위해서 교회 내의 개혁파 신앙고백의 정당성에 관하여 옹호했을 뿐만 아니라, 정치의 영역에서도 복음을 공언했습니다. 흐룬은 1847년에 자신의 정평 있는 저서 『불신과 혁명』(*Ongeloof en Revolutie*)을 출간했습니다.

흐룬은 1849년에 국회 하원에 당선되었습니다. 그러므로 1847년은 반혁명당[39]의 탄생 연도로 간주할 수 있습니다. 흐룬이 이끈 개혁파 진영은 향후 정치적 진영도 되었습니다. 이렇게 되어 그리스도인들 사이에서 분리는 단지 교회적으로만이 아니라 또한 정치적으로도 발생하게 된 것입니다.

---

39 반(反)혁명은 프린스터럴이 사용하는 독특한 용어이다. 프린스터럴은 1947년에 『불신앙과 혁명』이라는 책을 썼는데, 거기에서 성경적 원칙을 따라서 순종하는 것을 '개혁'이라고 하고, 이성의 원칙을 따라서 새로운 사회를 지향하는 것을 '불신앙과 혁명'이라고 규정했다. 프린스터럴은 혁명의 원칙을 따라서 사회를 재편하려는 노력에 반대해서 '반혁명' 운동을 전개했는데, 그의 노력은 카이퍼가 '반혁명당'을 만드는 것으로 계승되었다. J. 캄파위스, 『개혁 그리스도인과 신앙고백의 특징』, 김헌수 역 (서울: 성약, 2013), 130(각주 23).

4) 흐룬에 의한 분열

그러나 모든 사람이 조화를 이루어 협력할 수 있게 만드는 한 가지 사안이 남아 있었습니다. 그것은 공립학교 내에서의 기독교 교육에 관한 것이었습니다. 이 점에 대한 요구로 인하여 반혁명당의 강령 안에 주요 조항이 제정되었습니다. 흐룬은 이 문제에 관하여 협력을 유지하기 위해 노력했습니다.

흐룬은 단호한 형태의 개혁파 원리들에 고착하도록 촉구하지 않았고, 오히려 종교개혁이 가져온 불변의 진리 위에 굳게 섰습니다. 그는 이런 기반 위에서 고백적 진영, 윤리신학파, 루터파, 메노파, 비국교파 그리고 다른 그룹을 연합하기 위해 분투했습니다.

그러나 1857년에 슝터피 더 라 쏘세의 친구이자 지지자인 판 델 브룩헌(Justinus van der Brugghen, 1804-1864)의 리더십 아래에서 내각은 엄격하게 중립적인 것으로 인정되고 모든 종교적 성격을 제거한 학교들을 도입했습니다. 이것은 기독교적-역사적 진영을 직접 겨냥한 일격이었는데, 더욱 고통스러운 것은 이것이 동료 신자들이 가한 공격이었다는 점입니다.

이때부터 흐룬은 자신의 정치적 계획에 중요한 변화를 주었습니다. 그는 그동안 네덜란드 정부와 시민 기구들의 기독교적 성격을 보호했습니다. 그러나 흐룬은 1862년 하원으로 돌아왔을 때 정부가 자발적으로 채택한 중립 원칙을 묵인한다고 선언했습니다.

이제 흐룬은 원칙적으로 자유 학교를 그리고 예외적으로만 중립적 공립학교를 요구했습니다. 흐룬은 교회와 국가의 분리를 자신의 계획 안에 포함했습니다. 그리하여 그는 국립대학 안에서 신학부의 폐지를 주장했습니다. 이런 전선(前線)의 변화는 파열의 새로운 원인이 되었습니다. 교회, 국가, 그리고 학교에 관하여 다양한 신자 그룹 사이에서 원칙의 차이점이 점점 더 분명해졌습니다.

심지어 네덜란드 국가교회 내의 많은 개혁파 신자도 이러한 새로운 운동에 있어서 흐룬을 진심으로 지지하지 않았습니다. 그리하여 원칙의 측면에서의 분열은 이미 흐룬의 생애 동안 역사적 사실이 되었습니다.

5) 카이퍼의 등장[40]

카이퍼(Abraham Kuyper, 1837-1920) 박사를 후계자이자 반혁명당의 지도자로 지명한 후, 흐룬은 1876년에 별세했습니다. 카이퍼 박사는 개혁파 목회자의 아들로서 1837년에 마슬라우스(Maassluis)에서 출생했습니다. 그는 스홀턴(Jan Hendrik Scholten, 1811-1885)의 지도로 라이던(Leiden)에서 신학을 공부했으며, 칼빈(John Calvin, 1509-1564)과 아 라스코(Johnnes à Lasko, 1499-1560)[41]의 교회론에 대한 논문으로 1862년에 신학 박사 학위를 받았습니다. 이 논문을 작성하기 위해 추구해야 했던 역사적 연구, 헬덜란트(Geldeland)주(州)의 베이스트(Beesd)에서 만난 첫 회중 가운데 경건한 개혁파 사람들과 나누었던 교제는 주님의 인도하심 아래에서 성경을 하나님의 말씀으로 수납하는 믿음으로 그리고 칼빈주의 교리의 참됨에 대한 견고한 확신으로 카이퍼 박사를 이끌었습니다. 그는 번쩍이는 은사들과 다양한 재능을 가지고 반혁명당의 유능한 정치 지도자가 되었을 뿐만 아니라 또한 개혁파 원리들의 강력한 옹호자가 되었습니다.

카이퍼 박사는 변증학적 사조의 불만족스러운 성격과 윤리신학의 위험한 특징을 재빨리 간파했습니다. 양자 모두 자신의 관점을 변호하는 일에 그리고 반대자들에 대항하는 지속적인 투쟁에 힘을 소모하고 있었고, 그리하여 적을 설득하지도 못한 채 자신을 약화하고 있었습니다. 기독교의

---

40 바빙크의 이 논문은 카이퍼의 생존 시에 작성된 것이어서, 카이퍼와 관련하여 현재형 표현이 종종 등장함.

41 아 라스코에 관하여 다음 책을 참고하라. 강민, 『아 라스코』 (서울: 익투스, 2019).

진리는 변증학과 중재를 수단으로 사용하여 옹호될 수 없었습니다.

그 결과 카이퍼 박사는 오직 한때, 1871년 어느 강의에서 현대주의에 대하여 직접적인 공격을 가하면서, 현대주의를 신기루(*fata morgana*)[42]에 불과하다고 폭로했습니다. 여기에서 그는 현대 신학을 영원히 청산했고, 현대 신학은 스스로 소진되어 카이퍼 자신의 저항을 필요치 않을 것이라고 확신했습니다.

카이퍼 박사는 모든 변증학을 피하면서 독단적인 방식으로 나아갔습니다. 그는 믿음 밖이 아니라 믿음 안에서 자기 뜻을 선택했고, 무오한 성경과 개혁파 신앙고백의 기초 위에 자신을 곧게 정초시켰습니다.

그의 팔은 외부의 믿지 않는 적들을 향한 것이 아니라 내부의 이단적인 친구들을 향했습니다. 그의 주간지 「전령」(*De Heraut*)에 원리적인 연약함, 개혁파 신앙고백으로부터의 이탈, 파괴적인 경향성에 연루된 군림하는 정통주의가 끊임없이 폭로되었던 것입니다. 그 결과로 판 오스털제이, 두더스, 더 라 쏘쎄의 추종자들이 카이퍼 박사로부터 점점 더 멀어지게 되었습니다.

6) 카이퍼의 신학적 성향

그리하여 카이퍼 박사는 개혁파 교리를 수용하면서도 그것을 가장 엄격한 유형으로 부활시킵니다. 그에게 있어서 칼빈(John Calvin, 1509-1564), 푸티우스(Gisbertus Voetius, 1589-1676), 콤리(Alexander Comrie, 1706-1774)의 이름으로 표시된 윤곽은 가장 정확한 진전 속에서 개혁 신학을 대변합니다. 모든 것을 하나님으로부터 끌어내고 모든 것을 하나님께로 돌아가게 하는 것이 개혁파 교리의 특징이기 때문입니다.

---

42 'fata morgana'는 이탈리아 용어로서 신기루의 한 유형을 가리킨다.

그러므로 카이퍼 박사는 모든 교리가 가장 깊은 뿌리까지 추적되어 하나님의 작정에 내적으로 연결된 것을 드러낼 때까지는 만족하지 않습니다. 그는 결코 표면에 머무르지 않고 현상들을 통하여 본체의 영역으로 뚫고 들어가기를 추구하면서 원리의 깊은 곳으로 내려갑니다.

따라서 카이퍼 박사의 저술이 옛 개혁파 모델의 단순한 복구와 노예적인 모방에 불과하다고 말하는 것은 부당합니다. 그는 새로운 신학을 생산하지 않고 오히려 옛 신학을 독립적이고 때때로 자유로운 방식으로 재생산합니다. 그에게 있어서 다양한 개혁파 교리들은 느슨하게 연결된 신학총론(*Loci Communes*)이 아니라 오히려 밀접하게 관련되어 있어서 하나의 사상 세계, 즉 하나의 엄격하게 일관된 체계를 구성합니다.

카이퍼 박사는 최상의 개혁파 신학자들의 저술로부터 재생산되어 견고하고 명확한 사고방식을 가진 이 체계를 각 교리의 영향력에 의해 이리저리 요동치는 우리 시대의 자녀들에게 승인하여 보내고 추천하기 위해 애씁니다.

7) 카이퍼 박사의 개혁적 행로

카이퍼 박사 안에서 이러한 통찰의 깊이는 비전의 경이로운 넓이를 수반합니다. 그는 신학적 원리들의 깊이를 간파할 뿐만 아니라 모든 결과 가운데 그 원리들을 추적할 수도 있으며, 삶의 모든 영역 안에서 그리고 모든 실천적인 질문에 관하여 그 원리들의 적용을 찾아낼 수도 있습니다.

정치적인 면에서, 카이퍼 박사는 내무부 장관을 지낸 사포닌 로만(Jhr. Mr. Alexander Frederik de Savornin Lohman, 1837-1924)의 도움으로 보수당을 현장에서 사라지게 하는 데 성공했고, 자유당에 돌이킬 수 없는 타격을 가했으며, 흐룬의 계획을 보완하고 확장했으며, 초중고등 교육 체계에 있어서, 교회와 국가 간의 관계에 있어서, 우리 시대와 국가의 관심을 끄는 식민지에 관한 문제, 사회적인 문제 그리고 많은 다른 문제에 있어서 반혁명파의 원리들을 적용했습니다.

카이퍼 박사는 교회의 영역에서 1816년에 교회를 힘들게 한 불법 정부로부터 개혁교회를 구출하기 위해 그리고 미래의 말씀 사역자들을 참된 개혁파식 훈련으로 세우기 위해 가장 초기부터 노력했습니다. 이 점에서 그는 네덜란드 교회사와 개혁교회 정치에 정통한 학자인 루트헐스 교수(Prof. Dr. Frederik Lodewijk Rutgers, 1836-1917)의 귀중한 도움을 받고 있습니다.

그러나 카이퍼 박사가 이런 방향으로 일하는 것은 자신의 추종자들 간의 균열을 넓힐 수밖에 없었습니다. 1880년의 자유대학(Free University)의 설립 그리고 1886년의 애통 측(Doleantie)의 조직은 흐룬 시대에 이미 신자들 사이에 존재했던 불화를 확증할 뿐만 아니라 증대시키게 되었습니다.

그때 이후로 모든 분리를 원칙적으로 비난하는 네덜란드 국가교회 내의 많은 개혁파 신자는 교회 일과 관련된 리더십에서 물러났습니다. 이런 분열은 정치적인 활동과 초등 교육 체계에 관련된 협력을 파괴할 것이라는 두려움마저 일으킵니다.

8) 카이퍼 박사의 영향력

이 모든 것에 더하여, 카이퍼 박사는 놀라울 정도로 유창한 언어의 힘을 소유하고 있습니다. 그는 명료함, 생동감, 의미심장함에 의해 그리고 소진되지 않는 예증의 자원 때문에 관심을 끌고 주의를 사로잡기에 절대 실패하지 않는 문체를 구사합니다.

매일 발행되는 정치적 기관지 「표준」(De Standaard)과 매주 발행되는 교회에 관한 간행물 「전령」(De Heraut)을 통하여 카이퍼 박사는 이제 거의 20년 동안 끊임없이 하나의 동일한 정신으로 사람들을 주조해 왔습니다.

또한, 카이퍼 박사는 논쟁의 달인이며 자신의 반대자를 다루는 일에 놀라운 기술을 가지고 있습니다. 이 모든 것은 생존하는 그 어떤 네덜란드인보다 그의 영향이 더 크다는 사실 그리고 그가 다른 어떤 지도자들보다 더 격렬한 대적자들과 더 열렬한 추종자를 가지고 있다는 사실에 대한 충분한 설명이 될 것입니다.

카이퍼 박사의 사역 초기부터 신자들 사이에 균열이 넓어진 것은 분명히 고통을 주지만 그를 낙담시키지는 않습니다. 그는 불신 이론의 비실체적 특징, 성경의 진리, 네덜란드인들의 마음속에 있는 개혁파 원리들의 활력에 의존합니다. 특별히 그는 앞의 세 번째 사항에 자신의 힘을 빚지고 있습니다. 다른 모든 사조는 그 자체만의 시기 동안 잠깐 눈에 띄었다가 지나가 버렸습니다. 그러나 모든 비난과 억압에 직면하여 네덜란드 국민의 심장부는 칼빈주의에 충성스럽게 남았습니다.

그러므로 다른 원리나 체계에서 발견되지 않는 힘이 칼빈주의에 존재하는 것이 당연합니다. 정치와 교회 생활 내에서 칼빈주의의 영향을 얼마 동안 견제하고 억압하는 것은 가능하지만, 그럼에도 불구하고 칼빈의 원리들은 사람들의 삶의 깊은 곳에서부터 다시 떠오르게 될 것입니다.

카이퍼 박사는 자신의 잦은 실망에도 불구하고, 칼빈주의적 원리들이 미래에 성공할 것을 믿습니다. 왜냐하면, 칼빈주의적 원리들은 과거에 깊이 뿌리내리고 있으며 우리의 민족적 존재의 가장 깊숙한 정신에 얽혀 있기 때문입니다.

현재[43] 그의 모든 수고는 세 부류의 개혁파 신자들, 즉 1834년의 분리 측 사람들, 1886년의 애통 측 사람들, 그리고 여전히 네덜란드 국가교회 내에 남아 있는 사람들을 하나의 연합된 교회 안으로 함께 모으는 일을

---

43 이 논문의 영문판은 1892년에 출간되었으므로, 여기서 말하는 '현재'는 1890년대 초기의 정황을 말하는 것이다.

목표로 삼고 있습니다.

이런 노력의 결과가 어떻게 될지 예측하기는 불가능합니다.[44] 그러나 의심의 여지 없이 네덜란드 내의 개혁교회와 개혁 신학의 미래에 있어서 상당 부분이 이 재연합의 성공에 의존하는 것은 분명해 보입니다.

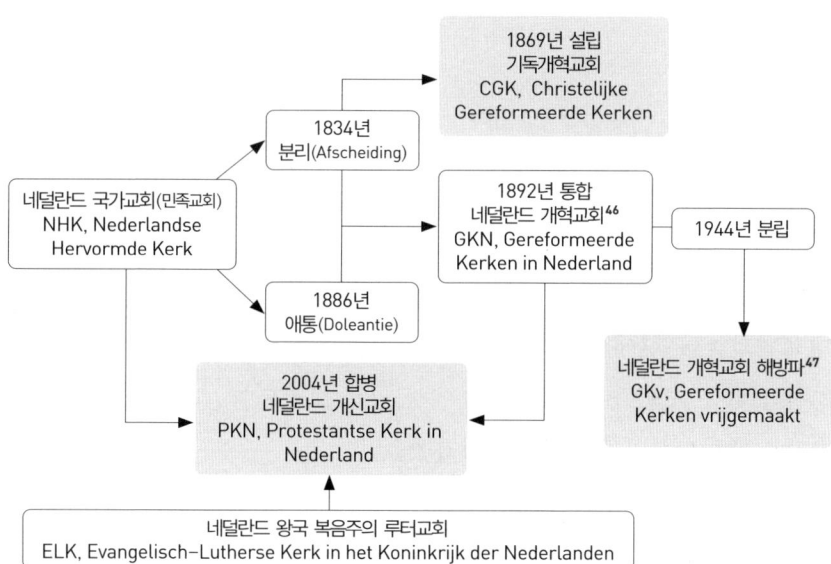

도표: 네덜란드 개혁교회 주요 교단 분립과 연합 과정[45]

---

[44] 간단히 말해, 1892년에 첫 두 부류의 신자들, 즉 분리 측과 애통 측이 연합하여(분리 측 일부는 잔류함) 네덜란드 개혁교회(GKN, Gereformeerde Kerken in Nederland) 교단을 설립했다. 카이퍼와 바빙크 사후(死後) 1944년에 이로부터 다시 해방파가 분립했다(GKv, Gereformeerde Kerken vrijgemaakt). 도표를 참고하라.

[45] 본 도표는 독자의 이해를 돕기 위해 편역자가 작성하여 추가한 것임. 이와 관련된 세부 사항은 다음 자료들을 참조하라. byk2739.tistory.com/109. 얀 판 브뤼헌, 『네덜란드 신앙고백 해설』, 김진흥 역 (서울: 성약, 2021), 27(편집자 주).

[46] 1944년 해방파가 분립한 후 네덜란드 개혁교회 총회파(GKN-synodaal)로 불렸고, 2004년 합병에 가담하였다.

[47] 해방파 교회의 현 상황은 YouTube에서 다음 자료들을 참조하라. "네덜란드 개혁교회 목회 현장 이야기" (강사: 성유은 목사, 네덜란드 플리싱언 교회) 편집본. 또한 다음의 단행본을 참조하라. 김정기, 『티네커 메이어의 개혁파 인생교실』 (서울: 세움북스, 2023), 60-84.

===== 제2장 =====

칼빈주의의 미래에 대하여[1]

1. 서론

1) 두 진영의 정체성

1892년은 네덜란드의 개혁교회에 있어서 아주 중요한 해였습니다. 1834년과 1886년에 각각 국가교회로부터의 분리에 기원하는 두 그룹의 영향력 있는 교회들이 긴 협상 후에 하나로 모였으며, 1892년 6월에 '네덜란드 개혁교회의 첫 총회'를 개최했습니다.

다양한 이유로 이 사건은 엄청난 관심을 촉발했습니다. 이 사건은 예측하지 못한 그리고 기대하지 않았던 일이었습니다. 물론 양 단체는 신앙고백과 정치 규범에서 하나였고, 양측 모두 개혁파 그리스도인은 성경적으로 그리고 신앙고백적으로 국가교회와의 관계를 끊어야 할 의무가 있다는 확신을 공유했습니다. 그러나 '개혁의 방법', 즉 이 관계 단절이 일어나야 할 방식에 관해서는 상당한 의견의 차이가 존재했습니다. 이 방법상

---

[1] 번역 원고로 사용한 영문은 다음과 같다. "The Future of Calvinism", Translated by Geerhardus Vos, *The Presbyterian and Reformed Review*, 5 (1894): 1-24. 네덜란드어로는 다음과 같이 간행되었다(영문 논문의 서론 부분 일부는 제외됨). "Het calvinisme in Nederland en zijne toekomst", *Tijdschrift voor Gereformeerde Theologie*, 3 (1896): 129-163. 항별 제목과 소제목은 편역자가 붙인 것임.

의 차이점은 국가교회 및 국가 권력의 재산과 관련하여 양측이 가정한 태도에 있어서 차이점을 낳았습니다.

1834년의 분리에 기원하는 기독개혁교회는 점차 자신이 전적으로 새로운 교회라는 인식을 가졌고, 국가교회의 치리회 및 개별 구성원들과의 모든 관계를 끊었습니다. 결과적으로 기독개혁교회는 국가교회의 재산을 유지하거나 회수하기 위해 민사 법원에 어떤 청구권도 제기하지 않았고, 정부에 그 자신을 새롭고 다른 기관으로 제시했습니다.

반면 1886년의 애통 운동으로 태어난 이른바 '네덜란드 개혁교회들'[2]은 분리의 개념을 혐오했고, 개혁이라는 개념을 선호하면서 국가 권력에 의해 1816년에 주어진 불법적인 총회 정치에 순종하기를 포기했으며, 1619년 도르트에서 승인되었고 그 이후로 결코 합법적으로 제외된 적이 없는 옛 정치 형태로 돌아온 원래의 옛 교회임을 자처했습니다.

결과적으로 네덜란드 개혁교회들은 국가교회와 나란히 새로운 기구로 간주되는 것에 반대했고, 16세기에 종교개혁을 수용했던 교회들과 동일함을 주장했습니다. 그리고 종교개혁 때보다 더 타당한 이유가 아니라면 종교개혁 때와 동등하게 타당한 이유로 국가교회의 총회적 통제를 거부했습니다. 이런 입장에 따라 네덜란드 개혁교회들은 모든 교회 재산에 대한 청구권과 소유권을 지키기 위해 민사 법원에 조처했습니다. 그리고 당국이 이 요구를 인정하지 않고 거부한 것 때문에 그들 자신을 "애통해 하는", 즉 정부 권력이 그들에게 행한 부당함에 대한 불만을 토로하는 교회로 규정했습니다.

---

2   공식 교단명은 이러하다. Nederduitse Gereformeerde Kerk(Dolerende), 네덜란드 개혁교회(애통측). 부수적으로 Kerk의 복수형을 사용하여 Nederduitse Gereformeerde Kerken(네덜란드 개혁교회들)이라고 불렸다.

2) 두 진영의 연합

이런 차이점들은 비록 신앙고백과 직접 연결된 것은 아니지만, 그럼에도 불구하고 심각한 사안이었습니다. 이런 차이점들 때문에, 1886년에 나온 교회들이 1834년에 분리된 형제들과 연합할 목적으로 곧장 시작한 협상은 상호 입장과 관련하여 양측 모두 오해와 과장을 증대시키기 시작했을 뿐 아무런 결과도 얻지 못했습니다. 그리고 연합을 낳기 위한 모든 노력은 여러 번 실패로 돌아가는 것처럼 보였습니다. 양측 교회들은 서로 더욱 가까워지는 대신 더욱 멀어져 가고 있었습니다.

이런 모든 낙담할 만한 표지들에도 불구하고, 레우발던(Leeuwaarden)과 헤이그(Hague) 총회에서는 연합에 대한 잠정적인 기초가 합의되었습니다. 대부분의 보편적인 예상과는 다르게 1892년에 많은 사람의 희망과 공언된 반대에도 불구하고 연합 자체는 결론지어졌습니다. 이 결과는 국내외에서 시선을 끌었습니다.

많은 사람이 보여 준 관심은 칼빈주의가 성장할 것에 대한 은밀한 두려움에서 나온 것일지도 모릅니다. 그러나 우리는 다른 유형의 사람들도 알고 있습니다. 개혁파 원리들에 대한 따뜻한 사랑에 의해 감동을 한 사람들 말입니다. 또한, 결정적인 시간에 마음과 정신을 하나님의 화평 가운데 지켜 주시고, 같은 집의 형제들이었던 사람들을 재연합시켜 주신 것에 대해 하나님께 감사하도록 이끌림을 받은 사람들 말입니다.

3) 네덜란드에서 칼빈주의의 부흥이 던지는 질문들

이 연합에 의해 칼빈주의가 다시 한번 네덜란드에서 견고한 거점을 확보했고, 일부에 의해 쉽사리 과장될 수 있지만, 마찬가지로 다른 사람들에 의해 과소평가될 수 있는 중요성을 얻었다는 사실은 아무도 부인할 수 없습니다.

칼빈주의가 이전의 번창했던 상태로 어느 정도 회복되어야 한다는 이런 주목할 만한 현상은 많은 사람이 칼빈주의가 미래를 가졌는지 묻게 했습니다. 이런 시점에 칼빈주의가 어느 정도의 활력을 가진 것으로 생각하는 사람은 소수에 지나지 않습니다. 다수의 견해에 따르면 칼빈주의는 전성기를 지났고, 구식이며, 사라질 때가 되었고, 아니 이미 죽었고 명예롭게 묻혔습니다.

그러나 우리의 생각은 때때로 하나님의 생각과 다릅니다. 네덜란드에서 일어난 칼빈주의의 주목할 만한 부흥은 적어도 다음과 같은 질문들을 정당화하기 위해 고려될 수 있습니다.

칼빈주의의 부흥이 현세대와 다음 세대를 위한 더 나은 그리고 더 풍성한 발전을 가능하게 할 것인가?
칼빈주의가 적절한 자리를 차지하고 미래의 교회들 가운데 특정한 부르심을 성취하게 할 운명인가?
하나님께서 네덜란드 개혁교회들의 부흥으로 국내뿐만 아니라 해외에서도 마찬가지로 하나님의 백성들에게 복을 주시려 하시는가?

네덜란드에서의 칼빈주의의 부활은 과거 네덜란드 역사에 친숙한 만큼 그리고 종교적, 교회적, 정치적 삶의 영역 안에서 이 작은 나라가 한때 점유했던 지위에 친숙한 만큼 더욱 주목할 만한 것으로 드러날 것입니다. 네덜란드가 차지했던 이 지위는 다른 나라의 교회와 신학에 강력한 영향을 미칠 수 있게 한 것입니다.

이런 영향을 추산할 수 있기 위해, 위에서 제시한 질문들은 아마도 더 넓은 관련성을 상정할 것이며, 부흥된 칼빈주의가 개혁교회와 개혁 신학 전반에 어떤 의미가 있을 것인지 그리고 불신과 반(反)기독교적 원리들의 조류에 저항하는 데 유용할 것인지에 대한 질문을 포함할 것입니다. 우리는 이런 질문들에 답을 찾고자 하며, 이런 목적을 가지고 다음의 세 가지 사항을 진행하고자 합니다.

첫째, 칼빈주의의 본질을 묘사할 것입니다.
둘째, 칼빈주의가 네덜란드에서 확보한 역사적, 국가적 중요성을 지적할 것입니다.
셋째, 칼빈주의가 다른 나라에 대하여 가진 의의를 추정하고자 노력할 것입니다.

2. 칼빈주의의 본질

1) 개혁파 및 칼빈주의의 개념

'칼빈주의'는 개신교 교회들과 신앙고백 중에서 하나의 특정한 유형입니다. 이런 유형은 자주 '개혁파'라는 이름에 의해 규정됩니다. 그러나 개혁파와 칼빈주의라는 단어는 의미에서 유사하지만, 결코 동일한 것은 아닌데, 개혁파가 칼빈주의보다 더 제한적이고 덜 포괄적입니다.

개혁파는 단지 종교적이고 교회적인 구별을 표현하는데, 이는 순전히 신학적인 개념입니다. 칼빈주의라는 용어는 더 넓게 적용되고 정치적, 사회적, 시민적 영역 안에서 하나의 특정한 유형을 가리킵니다. 칼빈주의는 삶과 세상 전반에 대한 특징적인 관점을 나타내는데, 이는 프랑스 종교개혁자 칼빈의 강력한 정신으로부터 나왔습니다.

칼빈주의자는 개혁파 그리스도인의 이름입니다. 그가 단지 교회와 신학에서만이 아니라 또한 사회적, 정치적 삶 및 과학과 예술 안에서도 독특한 특징과 구별된 외형을 드러낸다면 말입니다.

2) 하나님의 절대 주권

이런 칼빈주의의 근본 원리는 하나님의 절대 주권에 대한 고백입니다. 예를 들어, 하나님의 사랑이나 공의, 하나님의 거룩하심이나 공정하심과 같은 하나의 특별한 속성이 아니라, 하나님의 모든 속성의 일체 그리고 하나님의 전(全) 존재의 완전함 안에서 하나님 자신이 칼빈주의자가 생각하고 행동하기 위한 출발점입니다.

이 근본 원리로부터 특별히 개혁파에 관한 모든 것이 연유되고 설명될 수 있습니다. 이 근본 원리는 하나님의 것과 피조물의 것 사이에 뚜렷한 구별을 만들고, 성경의 유일한 권위, 그리스도와 그분의 사역의 충분성, 은혜의 사역의 전능성을 믿도록 인도합니다.

그러므로 또한 그리스도의 위격 내의 신성과 인성 사이에, 즉 그리스도의 두 본성 사이에, 외적 부르심과 내적 부르심 사이에, 표지와 성례 속에 표지된 실체 사이에도 뚜렷한 구별이 존재합니다.

마찬가지로 이 근원으로부터 피조물의 절대 의존 교리가 나타났는데, 이는 칼빈주의적 신앙고백 안에서 섭리, 예정, 선택, 인간의 무능성과 관련하여 드러나 있는 바와 같습니다. 이 원리에 의해 또한 칼빈주의자는 전적으로 일관된 신학적 방법을 사용하도록 인도받는데, 이는 로마가톨릭주의자들 및 다른 개신교 신학자들과 칼빈주의자를 구별시켜 줍니다.

자신의 신학의 전체 범위 내에서만이 아니라 또한 그 범위 밖에서도, 즉 삶과 과학의 모든 영역 속에서도 칼빈주의자의 노력은 모든 피조물 앞에서 하나님을 하나님으로 인식하고 유지하는 것을 목표로 삼습니다.

창조와 중생의 사역 안에서, 죄와 은혜 안에서, 아담과 그리스도 안에서, 교회와 성례 안에서, 하나님은 경우마다 자신의 주권을 드러내시고 높이시며, 모든 경시와 저항에도 불구하고 자신의 주권이 이기게 하십니다.

이런 칼빈주의적 사상 안에는 무언가 영웅적이고, 장대하고, 웅장한 것이 있습니다. 칼빈주의적 시각에서 볼 때, 역사의 전(全) 과정은 하나의 거대한 경연 대회가 됩니다. 하나님은 이 안에서 자신의 주권을 펼치시고, 그 주권이 산지 계곡의 세찬 물줄기처럼 결국 모든 저항을 정복하게 하십니다. 그리하여 피조물이 원하든지 원하지 않든지 어느 경우든지 순전히 하나님의 신적 영광을 인식하게 하십니다.

만물은 하나님에게서 나오고 하나님께로 돌아갑니다. 그분은 하나님이시며 이제와 영원토록 하나님으로 남으십니다. 그분은 여호와, 스스로 계시는 분, 전에도 계셨고, 지금도 계시며, 앞으로 오실 분입니다.

이런 이유로 칼빈주의자는 모든 것 가운데 하나님께로 되돌아갑니다. 그리고 가장 궁극적이고 깊은 원인으로서 하나님의 주권적인 선한 즐거움에 이르도록 모든 것을 추적해 들어간 후에야 만족을 누립니다.

칼빈주의자는 사물의 외형에 넋을 잃지 않고 그것들의 실제 속으로 뚫고 들어갑니다. 칼빈주의자는 현상 뒤에 있는 본질을 찾습니다. 그 본질은 보이지 않지만 보이는 것들은 그 본질로부터 나온 것입니다.

칼빈주의자는 역사의 중앙에 자신의 자리를 취하지 않고 오히려 시간을 넘어 영원의 정상까지 올라갑니다. 역사는 다름 아니라 하나님께 대하여 영원한 현재인 것을 점차 펼쳐 보이는 것입니다.

칼빈주의자는 자신의 마음, 생각, 삶과 관련하여 현세적인 것들 안에서, 즉 되어 가고, 변하고, 영원히 지나가 버리는 것들의 영역 안에서 안식을 찾을 수 없습니다. 그러므로 칼빈주의자는 구원의 과정으로부터 구원의 작정으로, 즉 역사로부터 하나님의 의도로 되돌아갑니다. 칼빈주의자는 성전의 바깥뜰에 머물지 않고 지성소로 들어가기를 구합니다. 그는 모든 것을 "영원의 관점 아래에서"(*sub specie aeternitatis*) 봅니다.

만일 종교를 옛 정의에 따라 "인간이 하나님께서 마땅히 받으실 예배와 숭앙을 하나님께 드리도록 하는 미덕"(*virtus per quam homines Deo debitum cultum et reverentiam exhibent*)이라고 한다면, 그리고 만일 신학을 그 단어 자체가 가리키는 대로 하나님에 대한 지식 그리고 하나님께 관련짓고 하나님께 종속시켜 둔 다른 모든 것에 대한 지식이라고 한다면, 분명히 칼빈주의자에게 있어서 종교는 가장 종교적이고 신학은 가장 신학적인 것이 됩니다.

3) 삶에서 드러나는 칼빈주의

그러나 이런 칼빈주의적 원리는 상당히 보편적이기 때문에 종교와 신학의 영역 내에서 특정한 유형의 성과에만 영향을 미치도록 제한시킬 수 없을 정도로 훨씬 풍성하고 생산적입니다. 칼빈주의는 전반적으로 세상과 삶에 대한 특정한 관점, 이른바 하나의 철학 그 자체를 만들어 냅니다.

칼빈주의의 토양 위에서 자라는 도덕적인 삶은 또한 독특한 외형을 낳습니다. 우선, 모든 펠라기우스주의자의 예상 및 기대와는 다르게 칼빈주의는 항상 활력적인 도덕적 삶을 촉진한다는 사실이 주목할 만합니다.

하나님의 주권과 피조물의 전적 의존에 대한 신앙고백은 해롭지 않을 뿐만 아니라 도덕성에 상당히 공헌한다는 점을 역사는 제시해 왔습니다. 예정은 또한 방편의 예정을 포함하고, 선택은 항상 그것이 지향(指向)하는 목적을 전제한다는 것이 진리입니다.

선택은 인생의 운명, 일생의 직업, 도덕적 부르심에 관련됩니다. 그러므로 칼빈주의자들 중에 도덕적인 삶은 항상 활동과 활력에 의해, 모든 것을 하나님의 율법 훈련 아래로 가져오기 위한 쉼 없는 노력에 의해 표지되며, 그렇게 함으로써 도덕적인 삶을 하나님의 영광에 종속시킵니다.

이런 점 때문에 도덕성은 때때로 율법주의, 즉 어떤 과장된 열렬함 및 가혹함과 같은 특징으로 생각되었다는 것이 부인될 수 없습니다.

그렇다 할지라도 칼빈주의는 가정을 위해, 사회와 국가를 위해 가장 큰 가치를 가진 것으로 증명된 수많은 미덕을 배양해 왔습니다. 가정을 위한 사랑, 절제, 청결, 단정함, 질서, 순종, 자비, 순결, 열렬함, 근면, 절약은 항상 칼빈주의적 그리스도인들 가운데 흘러넘친 미덕들입니다. 그리고 사람들에게 매우 큰 영향력을 발휘하는 것에 익숙해진 까닭에 칼빈주의는 사람들을 견실하고 근면한 시민 계층으로 형성시켜 왔으며, 이 시민 계층은 언제 어디서든 교회와 국가의 주된 버팀목임을 입증해 왔습니다.

4) 칼빈주의가 정치에서 보여 주는 평등과 자유

이와 밀접한 관련성 안에서, 칼빈주의는 자체적인 정치적 체계와 정치적 삶을 발전시켜 왔습니다. 부인할 수 없는바, 칼빈주의 안에는 공화주의적 경향성과 민주적 경향성이 있습니다. 칼빈주의자는 하나님만 계시고, 인간은 없다고 보는 것을 두려워합니다.

어떤 피조물의 다른 피조물에 대한 권위는 하나님의 주권적인 은사로부터 배타적으로 흘러나옵니다. 어떤 힘도 어떤 사람 안에 본유적이지 않으며, 사람 그 자신 안에 고유하게 내재된 것이 아닙니다. 힘은 지위 안에만 부여되어 있을 뿐입니다.

흥미롭게도, 피조물에 대한 예배와 사람에 대한 두려움은 칼빈주의 안에서는 설 자리가 없습니다. 하나님 앞에서는 왕과 신하가 모두 동등합니다. 심지어 가장 가난한 사람들, 가장 약하고 멸시받는 사람들이 최고의 목적을 위해 하나님께 택함을 받습니다. 그리하여 어떤 육체도 하나님 앞에서 영광을 얻지 못하도록 말입니다. 그 어떤 다른 사람들보다 하나님께 더 마땅히 복종해야 합니다.

그러므로 스페인, 오스트리아, 이탈리아 그리고 심지어 루터파의 독일과는 다르게 네덜란드, 잉글랜드 그리고 미국이 자랑할 수 있는 시민적 및 정치적 자유를 촉진해 온 것은 칼빈주의입니다. 교회와 국가의 분리, 종교의 자유, 양심의 자유, 가정과 사회적 생활 내의 자유, 이 모든 것은 칼빈주의의 나무에서 자란 열매들입니다.

5) 하나님의 영광을 지향하는 칼빈주의의 포괄성

같은 방식으로, 칼빈주의의 원리들은 자체적으로 과학과 예술 내에 어떤 특정한 유형의 싹을 지니고 있습니다. 비록 이 싹은 아직 완전히 자라지 않았음을 인정해야 하지만 말입니다. 이 싹은 각 방면에서 그 자신을 드러내 보이기 위해서 그리고 칼빈주의의 원리로부터 논리적으로 따르는 윤곽을 그리기 위해서 아직 시간과 기회를 발견하지 못했습니다. 여전히 발전을 위한 잠재력이 있는 것입니다.

반면 루터파 종교개혁은 이러한 넓은 보편성이 처음부터 결핍되었습니다. 루터파 종교개혁의 인류학적 또는 기독론적 원리는 너무 좁아서 풍성한 발전과 적용을 할 수 없었습니다. 결과적으로 루터파 종교개혁은 종교적 및 신학적 영역에만 제한되었습니다.

반면 칼빈주의는 세상을 포괄하는 경향성을 가지는데, 가장 좋은 의미에서 말하자면 보편적입니다. 칼빈주의자는 이런 광범위한 경향성을 충분히 의식하고 있고, 이런 원리에 영향을 받아 하나님 자신께서 모든 피조물 안에서 추구하시는 자신의 이름의 영화로움이라는 차분하고 확고부동한 결심을 최종 목표로 삼습니다.

3. 네덜란드에서 칼빈주의가 가지는 중요성[3]

1) 흑암 속에서 준비된 네덜란드

이 칼빈주의는 네덜란드로 들어가는 입구를 발견했고, 세상의 다른 사람들과는 다른 방식으로 네덜란드 사람들의 신앙과 삶을 형성했습니다. 종교개혁 이전 14세기 후반기에 유명한 호로터(Geert Groote, 1340-1384, 라틴어-*Gerardus Magnus*)의 리더십 아래에 네덜란드에서 종교적 부흥이 이미 있었습니다. 그러나 이 부흥은 명백히 로마가톨릭적 성격을 가졌고, 15세기에 대부분 소멸했습니다. 이후 다음 세대 가운데 도덕적 타락은 끔찍할 정도로 깊어졌습니다.

16세기 초에 특별히 수도원들은 악의 소굴을 만들어 내고 있었습니다. 성직자들의 부도덕, 음탕, 무지, 폭압, 강탈에 대한 불만이 다른 나라들과 마찬가지로 네덜란드에서도 많았고 심각했습니다. 단지 여기저기서 무언가 선한 것만 이런 불만의 반응 속에서 생존했습니다. 대체로 나쁜 상황 속에서 성직자 중 소수의 호감을 느낄 만한 예외들이 있었습니다.

한스폴트(Wessel Harmensz Gansfort, 1419-1489)와 아그리콜라(Rodolphus Agricola, 1443-1485)에 의해 대변되는 인문주의는 이탈리아와 다른 나라에서 그랬던 것처럼 종교개혁을 향하여 적대적인 태도를 취하지 않았습니다. 그리하여 종교개혁 이후에 주리고 목마른 많은 사람이 일깨움을 받았습니다. 만일 어떤 곳에서 개신교주의를 위한 토양이 준비되었다고 한다면 그곳은 네덜란드라고 할 수 있습니다.

---

[3] 관련하여 또한 다음의 자료를 참조하라. 프랑크 판 더 폴, "칼빈과 네덜란드", 헤르만 셀더하위스 편, 『칼빈 핸드북』, 김귀탁 역(서울: 부흥과개혁사, 2018), 183-200.

2) 네덜란드 종교개혁의 첫째 시기: 복음주의자들의 시기

종교개혁 자체는 세 시기를 통과했습니다. 첫 시기는 1518년에서 1531년에 이르는 시기로 현재 역사가들에 의해서 성례주의자[4] 또는 복음주의자들의 시기로 규정됩니다. 일찍이 1518년의 첫째 달에 루터(Martin Luther, 1483-1546)의 명성이 네덜란드에 확산했습니다. 그의 95개 논제는 어디서든 읽혔습니다.

루터의 영웅적 행위와 관련된 보고는 열정적으로 수납되었습니다. 루터를 존경하고 지지하는 사람들의 수는 날마다 증가했습니다. 이들은 자연스럽게 루터파로 불렸지만 물론 그들은 후기 입장에서 그리고 용어의 특정한 의미에서 보면 전혀 루터파가 아니었고, 오히려 성찬에 대한 관점에서는 츠빙글리(Ulrich Zwingli, 1484-1531)에게로 기울었습니다.

사실 츠빙글리의 관점은 헤이그의 변호사 코르넬리우스 호니우스(Cornelius Hendrickz Honius, 1440-1524)[5]가 쓴 편지에 의해 강력하게 입증되었는데, 호니우스는 "'표지하다' 대신 '이다'"(*est pro significat*)에 관련된 츠빙글리의 해설을 소개했습니다.

이 시기의 네덜란드 종교개혁은 깊은 종교심, 성별된 열정, 불 같은 용기 그리고 특별히 정치적 요소의 전적 부재로 특징지어집니다. 1525년 에라스무스(Desiderius Erasmus Roterodamus, 1466-1536)의 공표에 따라서 인구의 다수가 이와 같은 개혁 운동에 가담했습니다. 그러나 곧장 교회와 국

---

[4] 성례주의는 성례에 높은 가치를 두는 모든 기독교 신앙 이해를 가리킨다. 더 좁게 말해서, 성례주의는 기독교의 본질을 내적 변화와 개인 경건보다 성례에 참여하는 것으로 보는 개인이나 교회 전통을 경멸조로 일컫기 위해 사용될 수 있다. 스탠리 J. 그렌츠 외 2인, 『신학 용어 사전』, 60-61.

[5] 호니우스는 성찬에서 예수님이 "이것은 내 몸 '이다'"라고 할 때, 이 문장은 "내 몸을 '상징한다'(표지한다)"는 의미로 이해했고, 이는 츠빙글리의 성찬론에 영향을 준 것으로 알려져 있다.

가는 자기 기준에서 이단을 억압하는 일에 협력했습니다. 칙령이 선포되었고 사람들은 화형에 처해졌습니다. 복음주의적 설교자들은 나라를 떠나 피신했고, 그들의 추종자들은 운명에 맡겨졌으며 지도자들을 강탈당했습니다. 결국, 그들은 숫자상으로 감소했고 열정은 식었습니다.

3) 네덜란드 종교개혁의 둘째 시기: 재세례파의 성장과 쇠락

그러나 이 중대한 시기에, 종교개혁의 대의를 들어 올리기 위해 또 다른 그룹이 등장합니다. 재세례파는 1531년부터 1560년까지 아우르는 두 번째 시기를 엽니다. 아마도 그들의 영향은 이미 1525년에 시작되었을 것인데, 이때는 핍박이 가장 극심했을 때였습니다. 그러나 1530년이 되어서야 재세례파는 별개의 독특한 부류로 알려지기 시작했습니다.

얀 트레이프만(Jan Trijpman)은 1530년에 엠던(Embden)에서 암스테르담(Amsterdam)으로 돌아왔는데, 여기에서 그는 멜키오르 호프만(Melchior Hofmann, 1495-1543)을 만났습니다. 재세례주의자들은 곧장 많은 추종자를 모았습니다.

그들의 영웅적인 신앙은 감탄을 자아냈습니다. 그들은 위험으로부터 도망가지 않았고, 그 위험에 용감하게 맞섰습니다. 그들은 단순하고 순박한 사람들이었습니다. 그들은 요구되는 지침과 방향성을 제공했고 두려워하는 사람들에게 믿음과 용기를 주입했습니다. 그들의 교리는 특별히 성례와 관련하여 동정과 동의를 얻었습니다.

박해로 인하여 많은 사람이 겪었던 과도한 감정은 재세례파 운동의 광신적 요소들을 선호하게 했습니다. 이전의 복음주의자들 중에서 많은 수가 재세례파에 가담하게 된 것은 자연스러웠습니다. 그리하여 원래의 개혁 운동은 점차로 사라졌습니다.

그러나 재세례파에 대항하여 또한 핍박이 쇄도하기 시작했습니다. 그들은 흩어졌고, 추방당했으며, 사형에 처해 졌고, 더욱이 내부 불화로 인하여 분할되고 쇠약해졌습니다. 이 시점에 자기 주위에 있던 무방비 상태의 재세례주의자들을 모으고, 그들의 광신주의를 억제하고, 고요함 가운데 힘을 추구하게 한 사람은 메노 시몬스(Menno Simons, 1496-1561)였습니다.

4) 네덜란드 종교개혁의 셋째 시기: 칼빈주의의 유입과 정착

이 시기에 네덜란드에 확산했던 다른 운동이 없었다면, 아마도 종교개혁은 네덜란드에서 출생 시기에 약화되어 점차 쇠퇴해졌을 것입니다. 그러나 칼빈주의는 천천히 네덜란드 안으로 자신의 길을 만들어 가고 있었습니다.

칼빈주의는 부분적으로는 네덜란드 남부 주들을 통하여 들어왔으며, 부분적으로는 런던, 동 프리시아(Oost-Friesland), 클레잎슬란트(Kleefsland), 팔츠(Palatinate)에서 피난처를 발견한 수많은 망명자에 의해 도입되었습니다.

칼빈주의는 네덜란드 백성들에게 힘을 공급하여 핍박을 견딜 뿐만 아니라 네덜란드를 위하여 종교개혁을 지키고 확립하게 했습니다. 칼빈주의는 앞선 두 운동과 비교하여 두 가지 측면에서 구별되었습니다.

첫째, 칼빈주의는 강한 조직력을 보여 주었습니다.

복음주의자들과 재세례주의자들은 선하고 견고한 리더십이 결핍되면서 분산되고 분할되었습니다. 그들은 일치성이 부족한 탓에 힘의 부족으로 고통을 겪었습니다.

반면 개혁파는 즉시 조직을 갖추었습니다. 일찍이 개혁파는 1561년에 귀도 드 브레(Guido de Brès, 1522-1567)로부터 신앙고백[6]을 수납했습니다. 그리고 1563년 이래로 교회의 대회 혹은 총회가 네덜란드의 남부 지방에서 개최되었습니다.

둘째, 칼빈주의는 정치적 운동을 불러일으켰습니다.

복음주의자들과 재세례주의자들은 무방비 상태의 양처럼 살육을 당할지언정 정치적 영역 안에서는 모든 운동을 삼갔습니다.

반면 개혁파는 종교적 신념만이 아니라 정치적 신념도 소유했습니다. 그러므로 개혁파는 그들의 대의에 귀족들과 상인들을 포함하려 했고, 이미 1566년에 무장 저항을 결의했습니다. 빌럼 판 오란여(Willem van Oranje, 1533-1584) 공(公)이 지휘하여 1568년에 전쟁이 시작되었고, 80년이 지나 베스트팔렌(Westfalen) 평화조약으로 종결되었습니다.

5) 핍박 아래에서 성장한 칼빈주의

향후 종교적 관심과 정치적 관심은 불가분적으로 연결되었습니다. 누군가 자신이 개혁파 기독교를 지지한다고 선언하는 것과 오란여 공(公)을 지지한다고 선언하는 것은 같은 일이었습니다. 이것이 왜 첫째와 둘째 시기에서가 아니라 오직 셋째 시기에서만 다음과 같은 질문이 제기되었는지를 설명해 줄 것입니다. 즉, 종교나 정치 안에서, 믿음에 대한 공격이나

---

[6] 벨기에(또는 네덜란드) 신앙고백을 말한다. 여기에서 '벨기에'와 '네덜란드'는 현재의 국가명을 가리키는 것이 아니며, 당대의 "저지대 연방 국가"를 통칭하는, 즉 현재 분리된 벨기에, 네덜란드, 룩셈부르크와 프랑스 부북 일부 지역을 아우르는 의미로 이해하는 것이 올바르다. 이것을 당대의 용어가 가진 의미를 살려 말하자면 "저지대 국가 신앙고백"이라고 해야 마땅하다. 이 점은 헤르만 셀더하위스(Herman Selderhuis) 박사로부터 확인한 것이다.

헌장을 위반하는 일 안에서 빚어지는 분쟁을 위한 주요 동기가 무엇인지를 묻는 질문 말입니다.

비록 이런 질문을 할 수 있는 여지는 있지만, 답변은 의심할 필요가 없습니다. 80년간의 전쟁은 종교에 관한 전쟁, 즉 양심의 자유에 관한 전쟁이었습니다. 수천 명의 사람이 그들의 믿음 때문에 재판정에 서서 유죄판결을 받고 죽음에 처한 것은 이 점에 대한 충분한 증명입니다. 알바(Fernando Álvarez de Toledo, 1507-1582) 총독이 1572년 7월 2일자 편지에서 쓴 것은 더할 나위 없는 증거입니다.

> 홀란트에 있는 모든 불평자는 양심의 자유를 요구하면서 이렇게 선언합니다. "양심의 자유가 주어진 이후에는 그들이 단지 십 분의 일만이 아니라 심지어 오 분의 일까지도 소득세를 기꺼이 내겠다"고 말입니다.

그럼에도 불구하고 담대하게 스페인과 겨루기를 시작했던 개혁파 진영은 숫자상으로 적었습니다. 대략적인 추산에 따르면 1587년에 개혁파는 인구의 십 분의 일이었고, 그마저도 주로 하류 계층에 속했습니다.

사실 1572년 4월부터 1576년 11월까지 4년 동안 스페인에 대한 항쟁은 오직 홀란트(Holland)와 제일란트(Zeeland) 인구의 십 분의 일에 해당하는 사람들이 수행한 것입니다. 그러나 이 작은 칼빈주의 그룹은 믿음을 통해 강해졌고, 원리를 통해 강력해졌습니다. 그들은 자신들이 원하는 바를 알았고, 그것을 얻기 위한 노력에 있어서 비틀거리지 않았으며 굴하지 않았습니다. 칼빈주의 그룹은 종교적 및 정치적 영향력과 힘에서 나온 핍박 아래에서 성장했던 것입니다.

6) 칼빈주의가 세운 네덜란드

사건의 논리에 따라 개혁파 기독교는 자연스럽게 최고의 종교, 즉 국가의 종교가 되었습니다. 실제로(*De facto*) 이렇게 된 것은 1583년이었지만, 공식적으로 그리고 합법적으로 이렇게 된 것은 1651년 국회 총회 때였습니다. 실로 이는 네덜란드 역사의 독특하고 참으로 주목할 만한 특징입니다. 교회와 국가가 처음부터 하나로 연합하여 동시에, 같은 날 태어났으니 말입니다.

개혁교회는 네덜란드 공화국의 중심이었습니다. 교회와 공화국은 나중에 연합하기 위해서 처음부터 분리되어 존재한 것이 아니었습니다. 오히려 공화국이 교회의 신앙고백으로부터 태어난 것입니다.

네덜란드가 하나의 국가가 된 것은 종교개혁, 그리고 더욱 특정하게는 칼빈주의 덕분입니다. 이곳에서 칼빈주의는 한 민족을 이루고, 한 국가를 형성하고, 한 공화국을 세웠습니다. 하나의 국가로서 네덜란드는 아들, 즉 종교개혁의 수양아들인 셈입니다.

이런 이유 때문에 칼빈주의는 다른 어떤 곳보다도 더욱 네덜란드 근간의 가장 깊은 조직 속으로 들어왔습니다. 칼빈주의는 우리의 삶의 원리, 우리의 힘의 신경, 우리의 번영의 근간이 된 것입니다.

7) 양심과 종교의 자유를 위해 투쟁한 개혁파

이런 긴밀한 동맹 때문에 교회가 전성기에 있었던 시기는 네덜란드 공화국이 가장 번성한 때였던 것처럼, 믿음의 쇠락은 국가의 몰락에 관련되었습니다. 17세기 중반 정도에 교회와 공화국은 그 힘의 정점에 이르렀습니다. 담대한 신앙으로 말미암아 분쟁 초기에 감히 기대했던 그 이상의 것들을 얻게 된 것입니다.

개혁파의 투쟁은 네덜란드를 위한 종교개혁을 지켜 냈습니다. 실로 어떻게 보면 유럽 전체를 위한 종교개혁을 지켜 냈다고 보아야 합니다. 1574년에 빌럼 공(公)은 이미 이렇게 썼습니다.

> 만일 이 나라가 다시 스페인 사람들의 독재 아래로 돌아간다면, 참된 종교는 어디서든지 소멸할 것입니다.

네덜란드에서의 종교 전쟁은 유럽 전체를 위한 중요성이 있었습니다. 전체 개신교 기독 세계를 대표하여, 스페인의 독재와 로마가톨릭의 탄압에 대항하여 양심과 종교의 자유를 보호하기 위한 항쟁이 네덜란드에서 촉발된 것입니다. 결국, 베스트팔렌 평화조약은 종교개혁과 그것의 명백한 정당성에 대한 인식에 관련되었습니다.

8) 유럽의 신학적, 영적 모델이 된 네덜란드

네덜란드는 유럽의 국가들 가운데 명예로운 자리를 차지했습니다. 교회는 가장 아름다운 날들을 통과해 갔습니다. 신학은 최고의 학자들에 의해 발전되었습니다. 국내외에서 가장 출중한 인재를 영입한 대학들은 사람들의 시선을 끄는 유명하고 훌륭한 중심지가 되었습니다. 예술과 과학은 번창했습니다. 이 시기는 문학의 황금기였습니다. 상업과 산업이 발전되었고, 결과적으로 부와 호화로움이 증대했습니다.

자유의 땅은 영혼에 고통을 당하는 모든 사람에게, 핍박받는 유대인들에게, 잉글랜드 비국교도들과 프랑스 난민들에게 피난처를 제공했습니다. 이런 모든 번영은 직접적이든 간접적이든 칼빈주의가 용감하고도 꾸준하게 80년 동안 싸워 온 항쟁의 덕분입니다. 네덜란드는 처음으로 하나님의 나라와 그분의 의를 추구했고, 다른 모든 것은 그것에 더해진 것입니다.

9) 칼빈주의의 쇠락과 보존

같은 방식으로 교회와 공화국은 함께 넘어졌습니다. 부패의 첫 증상은 17세기 말에 이를 때 발생했습니다. 데카르트주의와 콕케이우스주의는 후속적인 합리주의를 위한 길을 준비했습니다. 게으름과 호화로움은 옛 네덜란드의 자긍심과 힘을 약화하기 시작했습니다. 마찬가지로 18세기에는 외국의 영향들 특히 잉글랜드의 이신론과 프랑스 신복원 신학[7]의 영향이 감지되었습니다.

이 모든 결과로 오란여 가(家)에 대한 사랑은 쇠퇴하기 시작했고, 민족적 특징은 퇴보했으며, 칼빈주의는 보통 사람들의 더욱 잠잠한 부류 속으로 물러났습니다. 물론 그들 가운데서 칼빈주의는 살아 움직였고 원래의 순수함 안에서 그리고 오란여의 공(公)들과의 연대와 깊은 민족적 정서에 밀착된 가운데 보존되었습니다.

저층 서민들은 그들의 고유성을 유지했고, 외국의 관습은 그들의 옛 민족적 습관을 교체하지 못했으며, 프랑스 사상은 수용될 여지가 없었습니다. 이 부류의 사람들은 잔류하여 항상 칼빈주의의 믿음에 결속되었고 그 전통에 충실했으며, 그 역사를 좋아했습니다.

그러나 이런 상황에서 칼빈주의가 견고한 방향성과 지침을 거의 전적으로 박탈당한 채 일방성과 퇴보로 고통받아야 한다는 것은 피할 수 없었습니다. 교회와 학교, 경건한 사람들과 신학은 서로 간에 점점 더 소원하게 되었습니다.

선조들의 믿음을 사랑했던 사람들은 지금 지배적인 설교 유형에 더 이상 만족을 발견할 수 없었고, 자신의 영적 성장을 도모하기 위해 비밀집회소에서 모였습니다. 그들은 자기 시대에 자기가 사는 곳에서 경험하지

---

[7] 제1장 각주 13 및 부록 2를 참조하라.

못한 분량만큼, 옛 종교적 문헌들의 세상 속에서, 즉 선조들의 설교와 사상 속에서 과거로 돌아가 살았습니다.

한때 모든 운동에 앞장섰고, 그들 시대의 자유주의자요 급진주의자였던 개혁파는 이제 보수적이고, 복고적이며, 옛 시대의 예찬자요 새 시대의 경멸자가 되었습니다. 개혁파는 어둠을 추구하고 빛을 피하는 고집쟁이요 광신자라는 평판을 받았습니다.

이런 평판은 개혁파를 더욱 완고하고 유연하지 못하게 그리고 거의 완전한 고립에 빠지도록 영향을 미쳤습니다. 그리하여 모든 건전한 활동과 사조로부터 차단됨으로써, 개혁파는 반율법주의, 라바디주의[8] 그리고 경건주의[9]에서 기원하는 외국의 다양한 잘못된 사상을 받아들일 위험을 피하지 못했습니다. 더 이상 옛 유형의, 고결한, 철두철미한 칼빈주의가 되지 못했고, 오히려 거칠고, 가혹하고, 세련미 없고, 광채나 불이 없이 차갑고 건조하고 죽은 칼빈주의가 되고 말았습니다.

이 모든 것에도 불구하고 사람들에게 영예가 되는 것은 이런 덜 고상한 유형 가운데서도 칼빈주의의 보물을 안전하게 보존해 온 것과 그것을 우

---

[8] 라바디주의는 프랑스 경건주의자 라바디(Jean de Labadie, 1610-1674)에 의해 촉발된 경건주의의 유형이며 보통 독일에서 촉발된 경건주의의 부류와 함께 긍정적인 면과 아울러 개인의 종교적 체험에 무게중심을 두면서, 때때로 율법주의나 주관주의에 이르는 경향성도 나타난다. "라바디는 1666년 미덜뷔얼흐(Middelburg)에서 과거 제네바(Genève)와 아미엔스(Amiens)에서 있었던 것과 마찬가지로 자신이 '예언'이라는 명칭을 부여한 집회들을 결성했고, 1669년에는 단지 참된 신자들로만 구성된 "복음교회"를 설립했다. 그리고 나중에는 헤어포르트(Herford)에서 가족생활, 의심스러운 결혼 관습, 재산의 공유를 통해 남다른 특징을 드러냈다." 다음을 참조하라. 헤르만 바빙크, 『개혁교의학 4』, 박태현 역 (서울: 부흥과개혁사 2011), 344[488항]. 라바디에 대한 개관은 다음을 참조하라. 헤르만 바빙크, 『개혁파 윤리학 1』, 박문재 역 (서울: 부흥과개혁사, 2021), 447-450.

[9] "경건주의는 네덜란드와 독일에서 삶 전체를 종교의 한정된 영역으로 좁히고, 교회와 직분, 성사와 신조들에 대해 무관심하게 되었고, 신자들을 격리된 단체로 소집하여 분리주의를 촉진시켰다." 헤르만 바빙크, 『개혁교의학 4』, 344[488항]. 경건주의에 대한 총체적인 개관은 다음을 참조하라. 헤르만 바빙크, 『개혁파 윤리학 1』, 433-455.

리 시대와 우리 세대의 자녀들에게 물려준 것에 기인합니다.

한때 순교와 전쟁의 시기를 통하여 우리 민족의 영혼과 동일시되면서 그리고 이를테면 그들의 피 속으로 스며들어 가면서 칼빈주의는 더 이상 어떤 외국의 영향이나 힘에 의해 근절될 수 없었습니다. 하나님께서 친히 칼빈주의를 보호하셨고, 그렇게 하심으로써 칼빈주의가 미래에 수행할 과제를 여전히 가지고 있음을 보여 주셨습니다.

10) 칼빈주의의 부흥과 그에 따른 저항

19세기 초가 되자 칼빈주의는 은신처를 떠났습니다. 다시금 네덜란드 국가의 독립성 회복, 오란여 공의 통치 권력자 지위로의 상승, 칼빈주의의 부흥이 동시적으로 일어났습니다. 그러나 회복은 즉시 내적 개혁의 성격을 띠지 않은 것으로 증명되었고, 결과적으로 칼빈주의의 지지자들을 향한 적대적인 행동이 시작되었습니다.

먼저, 칼빈주의는 경멸적이고 동정적인 태도 가운데 으쓱거리는 어깨에 마주쳤습니다. 칼빈주의는 더 이상 진지한 논의나 심지어 반대할 만한 가치가 없는 것으로 여겨졌고, 오히려 전적으로 정복되고 완전한 소멸을 향해 결정된 어떤 것이라는 관점으로 간주되었습니다. 점진적으로, 칼빈주의가 상당한 소심함을 가지고 앞으로 나아갔을 때, 이 경멸자들은 칼빈주의를 조롱으로 덮어버렸습니다.

이 모든 것에도 불구하고 칼빈주의가 숫자와 영향력에서 향상했을 때, 그토록 혐오 되는 믿음의 유형을 억압하고 근절시키기 위해서 투옥과 벌금 부과가 시행되었습니다. 정부는 중립 교회, 중립 학교와 중립 대학에 의해 나라를 자유분방하게 하려고 노력했습니다. 언론은 칼빈주의 진영을 조직적으로 무시하고 망각 속에 묻어버림으로써 사장하려고 했습니다

빌덜데이크(Willem Bilderdijk, 1756-1831), 다 코스타(Isaäc da Costa, 1798-1860) 그리고 흐룬 판 프린스터럴(Guillaume Groen van Prinsterer, 1801-1876)은 가장 저질적인 방식으로 모욕을 받았고, 대체적으로 개혁파는 그들 자신의 나라 내에서, 그들 자신의 교회 내에서 그리고 그들 자신의 국민 내에서 버림받은 사람들로 간주되었습니다.

칼빈주의자들은 정부 내 직무나 직위를 맡을 수 없었습니다. 잇따라 일어난 다양한 신학 사조는 프랑스와 독일로부터 수입된 외국 사상에 의존했고, 서민들과 그들의 종교에 대한 최소한의 관심도 드러내지 않았습니다. 이런 신학 사조들은 서민들과 그들의 종교를 이해하지 못했고, 이해하려고 하지도 않았습니다.

국민적 개혁 신학을 연구하고 그 원리들을 추적하기 위해 진지하게 추구한 첫 사람은 '현대주의자' 스홀턴(Jan Hendrik Scholten, 1811-1885) 교수였습니다. 교회와 학교 사이, 종교와 신학 사이 그리고 국민적 영성과 외국의 영향 사이의 간극은 어느 때보다 깊은 상태로 계속 존재했습니다.

11) 국가교회에서 벗어난 두 개혁교회 진영의 연합

그러나 하나님은 서민들의 칼빈주의에 뜻을 맞추는 사람들을 일으키셨고, 칼빈주의를 어둠에서 끄집어내어 오후의 분명한 빛 가운데 두셨습니다. 헤베이는 스위스로부터 우리나라에 들어왔는데 상류 계층에만 제한되었고 서민들에게는 이르지 못했습니다. 그리고 헤베이는 칼빈주의적인 것도 아니었습니다.

오히려 서민들 그 자신들로부터 부흥이 일어났습니다. 언제나 개혁파 교리를 선포하는 소수의 목회자가 존재해 왔기 때문입니다. 1834년의 분리는 휴면상태로부터 신앙고백적인 의식을 일으켰습니다. 그리고 개혁파의 일부 사람들이 국가교회를 벗어나 분리되고 자유로운 기관을 형성하도록 인도했습니다.

또한, 국가교회 그 자체 내에서 흐룬 판 프린스터럴의 리더십 아래에서 칼빈주의 운동이 일어났습니다. 비록 그는 고귀한 지위에 있었지만, 자신의 고상한 마음을 가지고 서민들을 이해했고, 서민들과 밀접한 접촉으로 들어가거나 혹은 서민들을 옹호하는 일을 부끄러워하지 않았습니다.

그는 서민들을 고립으로부터 끌어내고, 중립적인 국립학교에 대항하여 싸우기 위해 정치 영역에서 서민들이 활동할 수 있게 하는 데 성공했습니다.

곧장 다른 사람들은 교회와 신학의 영역에서 점점 더 중요한 것으로 성장했고 여전히 성장하고 있는 운동 내에서 리더로서의 자리를 취하기 위한 준비가 되어 있었습니다. 1886년의 분리 때문에 다시 한번 신자들의 큰 무리가 국가교회의 기관으로부터 물러났습니다. 1892년에 결론지은 두 분리된 교회 간의 연합은 긴 싸움 이후의 승리였습니다. 그 승리는 고통스러운 노력 끝에 얻은 면류관이었고, 아마도 더 나은 그리고 더 아름다운 미래를 위한 예언이었습니다.

12) 상대적 소수로 존재하는 개혁교회

이러한 칼빈주의의 부흥은 시초에 놀랍게 복을 누렸으며 네덜란드에 매우 큰 영향을 끼쳤습니다. 과장은 오직 해를 끼칠 뿐입니다. 로마가톨릭은 여전히 우리 인구의 오 분의 이를 차지합니다. 국가교회는 이백만 이상의 사람들을 헤아립니다. 다른 교회들과 분파들은 합해서 백만의 수를 헤아립니다.

반면 개혁교회들이 지역적 연합을 이룬 이후에는 약 사십만의 회원을 가지게 되었고 총 육십만을 넘지는 않을 것입니다. 이 숫자는 비교적 적은데, 인구의 십일 분의 일에 해당합니다.

물론 국가교회 안에도 개혁파 신앙고백을 사랑하고 설교단으로부터 선포된 이 신앙고백의 교리들을 듣는 수천의 사람들이 여전히 존재합니다. 이 때문에 우리는 크게 기뻐할 수 있습니다. 만일 국가교회 교인들도 자유롭고 순결한 교회의 토대 위에서 그들의 형제들과 연합할 수 있다면 말입니다.

국가교회 교인들이 더욱 과단성 있는 입장을 취하는 만큼 그들은 현 상황에 덜 만족하다고 느낄 것이고, 그들이 현재 죄악시하는 국가교회와의 관계 단절을 필요와 의무의 문제로 고려하도록 인도받을 것으로 예상합니다.

아무튼 개혁교회들은 같은 집에 속하는 형제들이 한 지붕 아래에서 사랑과 평화 안에 모두 재연합할 때까지는 결코 쉬어서는 안 됩니다. 그러나 비록 하나님께서 이런 재연합의 은혜를 네덜란드에 있는 자신의 교회에 수여하시더라도, 그때조차도 자유[10] 개혁교회들은 아마도 육십만 회원이 넘지는 않을 것인데 이는 네덜란드 전체 인구의 팔 분의 일 정도에 해당합니다.

13) 개혁파의 진취성

이처럼 숫자상으로 교인들이 적은 것은 그에 따르는 힘의 결핍과 함께 우리가 개혁교회에 대하여 과도하게 기대하지 않아야 할 이유입니다. 증가하는 칼빈주의의 영향력 때문에 많은 사람이 품고 있는 두려움은 이 적은 숫자에 의해 결코 정당화될 수 없습니다.

---

10 '자유 교회'는 의도적으로 국가나 정부의 영향, 후원, 통제로부터 독립된 교회들 혹은 교파들을 지칭할 때 사용하는 용어다. 다음을 참조하라. 스탠리 J. 그렌츠 외 2인, 『신학 용어 사전』, 103.

칼빈주의 국가, 호의를 받는 교회, 개혁파 종교를 전체 국민에게로 확장하는 것은 더 이상 가능하지 않습니다. 이런 일들이 가능했을 때 이후로 상황은 완전히 바뀌었습니다. 교회와 국가, 종교와 시민 정신은 영원히 분리되었습니다. 불신이 모든 계층에 침투했고 다수의 사람을 기독교로부터 소외시켰습니다.

그러나 개혁파는 불신이 두루 증가하고 있는 위급한 사실에 대해 눈을 감지 않습니다. 개혁파는 원래 상태로 돌이키기를 원하지 않으며, 옛 상태로 돌아가는 것도 원하지 않습니다. 개혁파는 마음으로부터 종교와 양심의 자유 그리고 율법 앞에서 모든 사람의 평등을 수용합니다.

개혁파는 당대의 자녀로서 하나님께서 이 시대에 그들에게 주신 좋은 것들을 경멸하지 않습니다. 개혁파는 뒤에 있는 것들은 잊어버리고 앞에 있는 것들을 향하여 나아갑니다. 개혁파는 진보를 이루기 위해, 죽은 보수주의를 죽은 상태로 품는 것에서 탈피하기 위해 그리고 이전처럼 모든 운동의 선두에 서기 위해 분투합니다.

심지어 현재도 네덜란드에서는 많은 사람이 개혁파가 너무 급진적이라고 간주하면서 사회주의와 은밀하게 동맹하는 것은 아닌지 의구심을 가집니다.

14) 믿음으로 서 있는 칼빈주의

그러나 다른 한편, 아무도 작은 규모로 활동하는 칼빈주의 시대를 경멸하지 않도록 해야 합니다. 칼빈주의 안에는 놀라운 힘이 있습니다. 칼빈주의 운동을 수행하는 사람들은 적고 약할지도 모르지만, 원리 그 자체는 잠재적 에너지로 가득합니다. 16세기와 비교해 볼 때 지금도 마찬가지입니다.

물론 칼빈주의에서 모든 것은 믿음에 의존합니다. 칼빈주의자들은 믿음의 단체입니다. 그들은 믿음과 함께 서고 넘어집니다. 만일 하나님께서 우리 시대의 칼빈주의자들에게 그들의 옛 선조들에게 주셨던 동일한 열정과 자기 부인을 가지고 그들의 믿음을 붙들게 하신다면, 아마도 그들을 위해 행복한 미래가 준비될 것입니다.

우리 민족의 마음 안에 칼빈주의가 유지되고 있는 것은 모든 악평과 반대 그리고 칼빈주의 위에 쌓인 모든 냉대와 핍박에도 불구하고, 하나님께서 칼빈주의를 위해 무언가 위대한 것을 준비하신다는 점을 가리키고, 칼빈주의를 네덜란드 안에 있는 자신의 교회를 위한 복이 되게 할 의도를 지니신 것으로 보입니다.

15) 네덜란드의 기독교를 보존하는 칼빈주의

첫째, 제가 보기에 칼빈주의의 부흥이 지닌 중요성은 우리나라 안에서 기독교와 기독교회를 보존하고 보호하는 점에 있습니다. 칼빈주의는 네덜란드의 국가 종교입니다. 그리고 우리에게서 칼빈주의를 앗아가는 사람은 우리에게서 기독교를 앗아가고 우리 가운데 불신과 변혁을 위한 길을 준비하게 될 것입니다.

다른 기독교 교파들은 적은 수의 추종자 그룹을 가질 수 있겠지만 그 교파들은 사람들에게 영향을 미치지 않으며, 일반적으로 차츰 쇠약해지는 존재가 되도록 이끕니다. 지난 세기에 일어났던 신학 사조들은 모두 일시적이었고 차례차례 사라져 갔습니다. 비록 다소간의 시간을 소비했지만, 이런 신학 사조들은 불신의 조류를 막는 데 그리고 불신 가운데 활동하는 변혁 세력에 저항하여 국민을 보호하는 데 도움이 되지 못했습니다.

반면 칼빈주의는 그 기초를 유지하고 사라지지 않으며 오히려 견고히 서서 흔들리지 않습니다. 그리고 사람들에게 조화로운 체계를 제시하면서 그들이 의지할 수 있는 지지대를 제공합니다.

네덜란드 신자들은 칼빈주의에 머물거나 그렇지 않다면 기독교 국민이 되기를 중지할 것입니다. 네덜란드 신자들은 너무 확고하고 너무 결연하여 장기적으로는 혼합적이거나 중간적인 성격을 가진 어떤 것도 참을 수 없습니다. 국민적 성향이 덜 교의적이고 덜 신학적인 다른 나라들 가운데서는 상황이 다르겠지만, 네덜란드에서는 그런 경우를 거의 상상할 수 없습니다.

더욱이 역사는 칼빈주의가 다른 어떤 것이 대체할 수 없을 정도로 우리 국민의 생활 속에 매우 밀접하게 엮어져 있음을 증거합니다. 어떤 다른 신앙고백도 핍박과 고난의 역경 아래에서 획득한 칼빈주의적 신조를 국민의 마음속으로부터 축출할 수 없습니다.

사람들은 피와 눈물로 성별하여 칼빈주의를 수용했고, 칼빈주의는 우리 역사의 가장 빛나는 페이지를 채우며, 우리 민족성의 창조적이고 조형적인 힘입니다. 칼빈주의의 부흥은 기독교 그 자체의 보존과 동등합니다. 칼빈주의는 가장 끔찍한 투쟁 기간에 네덜란드로 들어오는 입구를 발견했으며, 오직 칼빈주의 홀로 그 자체가 미래에도 존재할 것이라는 보증을 제공할 수 있기 때문입니다.

16) 종교, 정치, 시민의 자유를 보호하는 칼빈주의

둘째, 그러므로 또한 칼빈주의는 분명히 네덜란드 안에서 아마도 이전보다 더 낮은 수준에서, 그러나 동일한 원리 가운데 미래를 기대할 수 있습니다. 왜냐하면, 칼빈주의는 항상 사람들의 자유를 주장해 왔고 현재까지도 이 주장을 옹호하기 때문입니다.

칼빈주의는 우리의 종교적, 정치적 그리고 시민적 자유의 기원이자 보호 수단입니다. 19세기에 이 자유가 공격받았을 때 칼빈주의는 더 이상 폭정을 일삼는 스페인에 대항해서가 아니라 네덜란드 정부의 절대주의와 만능주의에 대항해서 자유를 방어하기 위해 투쟁했습니다.

우리 시대에 양심, 종교, 교회, 학교의 자유는 가장 끈덕진 반대 속에서 절대 시들지 않는 노력으로 또 한 번 재정복되었습니다. 공식적으로 네덜란드는 반대가 얼마나 심하든지 간에 의회 회의실, 언론, 설교단 또는 강단에서 자유를 축소하고 빼앗기 위해 모든 수단을 동원했습니다. 그러므로 우리는 모든 영역에서 그런 시도를 조금씩 재정복해야 했습니다.

현재 우리는 많은 것을 얻었으며, 결과적으로 모든 종파의 평등성이 법의 제정과 실천에서 그 어느 때보다 더 인정받고 있습니다. 그러나 최종적인 목표에는 아직 도달하지 못했고, 중등 및 고등 교육의 정부 독점에 대항하여 그리고 국가교회가 선호하는 입장 등에 대항하여 싸움을 계속해야 합니다.

여전히 더 심각한 투쟁이 미래의 칼빈주의를 기다리고 있을 것으로 예상합니다. 우리는 민주적인 시대에 살고 있습니다. 정부 권력의 확장을 위한 보편적인 압력과 요구가 있습니다. 중간 진영들이 줄줄이 현장에서 사라지고 있습니다. 그리고 급진주의와 사회주의의 권력이 향상하고 있습니다.

십중팔구 칼빈주의는 과거의 보수주의 및 자유주의와 경합을 벌였던 것처럼 가까운 미래에 급진주의 및 사회주의와 경합을 벌여야 할 것이며, 우리의 종교적, 정치적 그리고 시민적 자유를 위해 싸워야 할 것입니다. 칼빈주의는 이미 치명적인 불신 이론과 그것들의 사회적 결과에 대항하여 사람들을 경고하고 보호하기 위한 목적으로 영향력 있는 노동 시민 집단을 조직한 영예를 가지고 있습니다.

17) 역사적 의미를 보유한 칼빈주의

미래를 위한 약속을 제공하는 칼빈주의의 세 번째 자질은 칼빈주의의 역사적 의미 안에 있습니다. 정치에서 칼빈주의자는 우리와 함께 반혁명 또는 기독교 역사적 정당을 구성합니다. 혁명 원리의 담대한 반대자인 빌덜데이크(Willem Bilderdijk, 1756-1831)가 라이던(Leiden)에서 네덜란드 역사를 가르친 결과로, 복음을 위해서 그리고 혁명에 저항하여 그를 따라 싸움을 수행하는 제자들의 무리를 주위에 모은 것은 주목할 만한 점입니다.

이 제자 중 가장 중요한 인물은 흐룬 판 프린스터럴인데, 그는 개혁파 그리스도인이면서 학식있는 정치인이었고, 일류 역사학자였습니다. 그는 유명한 저서 『조국의 역사에 관한 편람』(*Handbook of the History of the Fatherland*)으로 인해 많은 사람에게 복이 되었습니다.

그는 만연한 인문주의적 및 합리주의적 관점으로부터 역사를 정화했고, 그 역사를 오직 하나님의 말씀의 참된 빛 안에 위치시켰으며, 교회와 네덜란드 공화국 사이의 친밀한 관련성을 지적했고, 이 모든 것에 더하여 역사를 도구로 하여 민족적 정신을 고취했으며, 자유에 대한 고귀한 사랑을 개발시켰고, 오란여(Oranje) 가문에 대한 사람들의 애착을 확증했습니다.

그의 인도를 따르고 개혁파 종교의 권리를 위해 투쟁함으로써 칼빈주의는 국가적이고 역사적인 성격을 지닐 수밖에 없었습니다. 어느 곳에서든지 종교, 언어 그리고 민족성은 긴밀하게 연결됩니다. 그러나 어디서도 아마 네덜란드보다 더 긴밀하지는 못할 것입니다. 종교를 위한 투쟁은 언어와 민족성에 필연적으로 유익을 끼칠 것입니다. 3백 년이 넘는 역사의 견고한 기초 위에 세워져서 과거 속에 깊은 뿌리를 가진 한 정당의 노력은 하나님의 복 주심 아래에 미래를 위한 좋은 수확을 산출할 가능성이 있습니다.

18) 과학적 요구 안에 서 있는 칼빈주의

또한, 미래에 칼빈주의가 과학적 요구를 충족시킬 것을 가리키는 표지가 전무(全無)하지는 않습니다. 예언은 어려운 임무입니다. 그리고 미래의 역사를 쓰는 일은 어떤 사람에게도 주어지지 않습니다. 그러나 칼빈주의가 과학적 관점에서 중요성을 확보할 가능성이 없는 것은 아닙니다. 이 점에 대한 가능성과 필요성이 둘 다 분명히 존재합니다.

네덜란드인의 특징은 원리를 요구하고, 조화롭고 일관적인 체계를 고집하며, 추론과 결론 도출을 좋아합니다. 네덜란드 공화국의 전성기에는 예술과 문학뿐만 아니라 과학도 높은 발전을 이룩했고 번창했습니다.

칼빈주의적 원리는 과학의 영역 안에서 특별한 적용을 받아들일 만큼 충분히 풍부하고 강력합니다. 이와 관련하여 우리 현시대의 과학이 기독교에 반대하는 사람들의 손안에서 강력한 무기가 되었음을 간과해서는 안 됩니다.

시대와 함께 살고 지배적인 사조들에 저항하여 결단력 있는 입장을 취하고자 하는 정당은 원리들에 대한 과학적 전투로부터 초연할 수 없습니다. 그러한 전투는 불신의 이론에 맞서는 한 쉬지 않을 것이며 믿음이라는 과학을 배치할 것인데, 이는 단지 신학과 관련해서만이 아니라 모든 다른 지식의 분야와 관련해서도 마찬가지입니다.

기독교가 가장 큰 위험을 안고 위협받는 것은 과학의 측면입니다. 원리가 세상을 지배합니다. 말은 행동을 이끕니다. 불신은 변혁을 일으킵니다. 이 과학 세상은 또한 믿음이 아닌 다른 방법으로 정복될 수 없습니다. 하나님의 영광은 다른 분야에서처럼 과학의 영역 안에서도 발견되어야 합니다. 하나님의 주권의 우승자로서 칼빈주의는 또한 과학의 영역 안에도 서 있습니다.

4. 다른 나라에서 칼빈주의가 가지는 의의

1) 칼빈주의를 수정하려는 시도

다른 나라와 교회들 가운데 칼빈주의의 미래에 대하여 말하기는 더욱 어렵습니다. 한 가지는 분명합니다. 현재 기독교회 안에서 지배적인 사조들은 칼빈주의에 호의적이지 않다는 점입니다.

일부 지역에서는 개혁파 신앙고백에 여전히 천착합니다. 웨일즈, 스코틀랜드의 하이랜드 지역 그리고 미국의 일부 장로교회들이 그러한 곳입니다. 그러나 프랑스, 스위스, 잉글랜드 그리고 미국과 같은 다른 모든 곳에서 우리는 교회와 신학 내에서 이른바 시대와 현대 과학의 요구에 부응하여 옛 칼빈주의를 수정하려는 노력을 종종 무의식적으로 인지합니다.

이러한 수정은 우리의 동의나 반대를 끌어낼 수 있습니다. 그러나 이런 수정의 시도가 그 자체로 사실이라는 점은 부인될 수 없으며 우리는 이 사실을 솔직하게 직면해야 합니다.

2) 기독교에서 초자연적 측면을 제거하기

현재 지배적인 기세로 모든 곳에서 보이는 이런 사조는 다음과 같은 노력으로 특징지어집니다. 초자연적 성격을 기독교에서 완전히 벗겨 내지는 않더라도, 기독교를 순전히 인간적이고 자연적인 측면에서 제시하고 권하기 위한 노력 말입니다.[11]

---

[11] 예를 들어, 초자연적 중생의 은혜를 도외시하고 자연적 인간의 의지로 영접기도를 따라하게 한 후 구원받은 것으로 간주하는 시스템화된 전도법은 현재도 대세를 유지하고 있다. 이런 일은 웨슬리이든지 휫필드이든지 그냥 보아 넘길 수 없을 것이다. 이는 알미니우스주의 계열의 사상에 그 기저를 두고 있는 바, 이 시대에 사실상 근본적으로

진화론은 원리적으로 기독교인들에 의해 수용되어서 기독교에 다소간 꾸준하게 적용되고 있습니다. 기독교는 유일한 참종교가 아니라 종교 중에 가장 높고 순수한 종교일 뿐입니다. 계시는 전적으로 초자연적인 어떤 것이 아니라 오히려 최상의 그리고 가장 고상한 사람들의 마음을 통과한 다음 성경에 넣어 둔 어떤 것에 불과합니다.

성경은 하나님의 무오한 말씀이 아니라 하나님의 말씀을 포함하고 있을 뿐입니다. 그리고 성경은 신적 요소들과 나란히 인간적인 그리고 오류 있는 요소들도 지니고 있습니다. 그리스도 안에 있는 하나님의 최고의 계시는 사람의 가장 순수한 계시와 일치합니다.

하나님의 성육신은 사람의 신화와 동일시되거나 아니면 사람의 신화로 교체됩니다. 그러므로 기독교의 종교적 및 윤리적 측면은 계속 인정받지만, 반면 형이상학적[12] 요소들은 경멸과 함께 거부됩니다. 사람들은 기독교에서 이런 모든 우발적이고 부수적인 것들을 벗어던지고, 기독교의 본질을 윤리적이고 종교적인 것에 한정시킨 후 나머지는 믿음과 실천적인 삶을 위해 무가치하고 보잘것없는 것으로 드러내기 위해 노력합니다.

이렇게 함으로써 사람들은 의식적으로 혹은 무의식적으로 우리 시대의 "일일 처세술"(Tagesphilosophie)에 의해 영향을 받습니다. 불가지론[13]은 초자연적인 것들을 알 수 없는 것이라고 가르칩니다. 자연과학은 융통성 없는 법칙으로 모든 측면에서 우리에게 맞섭니다. 역사는 기적을 위한 자리를 발견하지 못합니다. 역사 비평은 성경의 토대를 허뭅니다.

기독교의 본질과 초자연적 은혜의 개념을 시나브로 파괴해 온 매우 심각한 일임을 우리는 깊이 인식하고 신학 교수님들과 목회자들 모두가 협력하여 개혁해야 할 것이다.
12 단순히 물리적인 것 너머에 놓인 실재의 궁극적 본질에 대한 철학적 탐구를 말한다. 다음을 참조하라. 스탠리 J. 그렌츠 외 2인, 『신학 용어 사전』, 135.
13 신에 대한 믿음을 단언하는 것(유신론)도 아니고, 신의 존재를 부인하는 것(무신론)도 아니며 그 대신 판단을 유보하는 입장. 다음을 참조하라. C. 스티븐 에반스, 『철학·변증학 용어 사전』, 48.

기독교는 형이상학적 배경으로부터 독립하여 순수한 종교로 만족하는 경우에만 현대 과학의 이 모든 결과에 저항하여 변호되고 유지될 수 있습니다. 모든 교의는 수정에 복종해야 합니다.

성경, 삼위일체, 선택, 그리스도의 신성, 그리스도의 배상, 교회, 종말에 대한 모든 교리가 그러해야 합니다. 이 모든 것은 도가니에 던져져서 불순한 찌꺼기가 제거되고, 순수한 종교적 및 윤리적 요소들이 남아 있게 해야 합니다. 잉글랜드에서는 오늘날 이 과정이 한창 진행 중입니다. 전체 신학이 종교적, 윤리적, 기독론적으로 변형되고 재해석되어야 합니다.

3) 기독교의 사회주의화

이것이 모든 곳에서 새로운 교의에 대한, 기독교의 다른 그리고 더 나은 유형에 대한, 실용적, 윤리적, 비 독단적, 사회적, 현대적 기독교에 대한 요구가 들려오는 이유입니다. 무게 중심은 교리에서 삶으로, 객관성에서 주관성으로 옮겨졌습니다. 믿음이 아니라 사랑이 필수적입니다.

사랑은 최고선으로서 '세상에서 가장 위대한 것'입니다. 기독교는 가치를, 진리를, 존재의 당위성을 증명해야 합니다. 인류의 상처를 치유함으로써, 사회를 개선함으로써 그리고 이방인들을 회심시킴으로써 말입니다. 이전에 사람들은 구원받아야 할 영혼으로 고려되었는데, 이제 사람들은 도움이 필요한 육체로 고려됩니다.

사회주의가 기독교화될 수 있도록 기독교는 사회주의화되어야 합니다. 신학과 교회는 교의적, 배타적, 위계적 성격을 버리고 기독교의 사회적 측면을 설명해야 합니다. 교회는 하나님 나라를 위한 자리를 만들어야 합니다. 하나님 나라를 위해 일하는 것이 오늘날의 풍조입니다.

모든 이용 가능한 힘은 하나님 나라를 위해 일하도록 개발되어야 합니다. 모든 그리스도인은 젊든 늙든 동원되어야 하고, 모든 신참 신자들은 그리스도의 군대에 소집되어야 합니다. 바울과 베드로는 자신의 시대에 자기 일을 감당했고, 사랑의 사도인 요한의 순서가 왔습니다. 로마서가 아니라 산상 수훈이 원래 기독교의 프로그램입니다.

4) 철학의 영향 아래 있는 기독교

우리 현시대의 기독교가 전반적으로 실제 이런 방향으로 나아가고 있음을 상세하게 지적하는 것은 어려운 일이 아닙니다. 그러나 여기에서 더 지적하는 것은 불필요하고 쓸데없습니다.

앞서 말한 바의 실제적인 진리, 즉 기독교의 사회주의화를 드러내기 위해서 우리는 단지 러시아의 톨스토이(Lev Nikolayevich Tolstoy, 1828-1910), 스위스의 아스티에(Astié), 프랑스의 사바치(Auguste Sabatier, 1839-1901), 독일의 리츨(Albrecht Ritschl, 1822-1889), 잉글랜드의 파랄(Frederic William Farrar, 1831-1903), 스코틀랜드의 드러몬드(David Thomas Kerr Drummond, 1805-1877), 미국의 리만 아봇(Lyman J. Abbott, 1835-1922)의 이름만 언급하면 됩니다.

이전 그 어느 때보다 더욱 기독교는 지배적인 철학의 영향 아래에 서 있습니다. 기독교는 당대의 의견에 맞추어 수정되고 있습니다. 기독교는 더 이상 이끌지 못하고 끌려가고 있습니다. 다른 많은 것과 마찬가지로 기독교의 현대 개념 안에서는 '되어 감'(becoming)의 원리가 '됨'(being)의 원리를 대체하고 있습니다.

5) 현대 신학 사조들의 쇠퇴

이런 하향 운동의 관점 속에서 칼빈주의의 부흥은 이중적 중요성이 있습니다. 만일 네덜란드가 지금 다른 나라들 안에서 지배적인 그런 모든 현대 신학적 사조들의 영향을 경험하지 않았더라면 칼빈주의의 의미가 그렇게 크지 않았을 것입니다.

차이점은 단지 이것입니다. 다른 곳에서는 이런 사조들이 이제 막 발아하고 있지만, 네덜란드 내에서 그런 사조들은 이미 과거에 속할 뿐입니다. 현대 신학적 사조들은 네덜란드에서 한때를 보냈고 전성기를 지났습니다. 그리고 역사적이며 교의적인 관점 모두로부터, 그런 사조들의 불만족스럽고 불충분한 특징이 드러났습니다.

현대 신학적 사조들은 불신의 성장에 대항하는 장벽으로서 소용이 없다는 것이 판명되었습니다. 의심의 폭풍 속에서 그런 사조들은 견실한 입장을 제시하지 않는다는 것이 분명해졌습니다. 믿음의 순전한 높이로부터 불신의 구렁텅이까지 그런 사조들의 신속한 쇠퇴 속에서 통과해 온 다양한 단계가 차례로 지적될 수 있습니다.

첫 단계는 신앙고백으로부터 성경으로 돌아서도록 사람들을 소환하는 것이었습니다.

둘째 단계는 성경으로부터 그리스도께로 돌아가도록 호소하는 것이었습니다. 그리스도에 관해서라면, 먼저 그분의 신성, 그다음 그분의 선재, 마지막으로 또한 그분의 무죄함이 부정되었습니다. 그리하여 우리에게 하나님의 사랑을 계시한 종교적인 천재라는 개념 외에는 아무것도 남지 않게 되었습니다. 그러나 심지어 이 하나님의 사랑마저도 비평과 의심의 대상이 되었습니다. 하나님의 존재는 알 수 없는 것으로, 그분의 존재는 불확실한 것으로 발견되었습니다.

셋째 단계는 마지막 방책으로, 진화론의 공격으로부터 안전하다고 생각되었던 인간의 도덕적 본성이 중심적인 위치를 차지했습니다. 유감스럽게도, 심지어 이 도덕적인 인간의 본성마저도 비본유적 발전의 산물로 드러났습니다. 그리하여 많은 사람이 유물론이라는 생기 없는 신조만을 유지했습니다.

6) 종교적 개념의 전환

그러나 이 사실 외에, 이 하향 운동은 불가지론적 과학의 진전에 대항하여 아무런 확실한 입장을 제공하지 못하고, 진화론에 연이어 자리를 내주도록 강요받고 있습니다. 이런 하향 운동은 종교적인 관점에서 보면 그다지 만족스럽지 못한 것입니다.

이전 세대의 기독교에 대한 개념과 현대의 개념 사이에는 엄청난 차이가 있습니다. 이전에는 기독교가 뚜렷한 종교였습니다. 이제 기독교는 주로 도덕률입니다. 복음이 사람을 구원하는 수단, 즉 복음이 사람들에게 삶과 죽음 안에서 위안을 제공하는 수단으로 간주되었던 때가 있었습니다. 현재 복음은 이 땅에서 사람이 자신의 과업을 수행할 수 있도록 해 주는 수단에 불과합니다.

한때 천국은 최종 목적으로 제시되었습니다. 지금은 이 땅이 최종 목적으로 제시됩니다. 과거에 종교는 독립적인 인자(因子)였지만 지금은 단지 도덕적 갈등 내에서 그 유용성이 고려될 뿐입니다.

옛 종교는 본질에서 신비적이었는데 이는 하나님과의 교제 가운데 있는 삶을 의미합니다. 오늘날 종교는 거의 도덕적 이상주의, 즉 인류를 섬기는 가운데의 삶에 지나지 않습니다. 옛날에 질문은 이러했습니다.

"하나님은 사람을 위해 무엇을 해 오셨는가?"

현재 사람들은 이렇게 질문합니다.

"사람은 하나님을 위해 무엇을 하고 있는가?"

한마디로 말해 이전에는 사람이 하나님 때문에 존재했지만, 최근에는 하나님께서 사람 때문에 존재하게 되었습니다.

7) 칼빈주의의 회복

이전 시대의 지나치게 '내세적인'(jenseitig) 개념에 대항하는 반응으로서 이런 현대의 관점 속에 많은 진리가 있음은 의심의 여지가 없습니다. 그럼에도 불구하고, 장기적인 안목으로 그리고 전체적으로 볼 때 현대의 관점은 불만족스러운 것으로 판명될 것입니다.

힘과 활력의 강력한 기운이 만연하는 한, 현대의 관점은 부분적으로 만족스러울 수 있습니다. 그런 상태에서 본다면 사람은 철학자 피히테 (Johann Gottlieb Fichte, 1762-1814)를 닮습니다. 피히테는 자신의 힘을 의식하는 가운데 자아에 만족했으며, 외부 세계를 단지 의무를 수행하도록 객체를 움직이게 하는 수많은 물질, 즉 인간의 에너지에 의해 다시 정복될 어떤 "경기장"(Schranke)으로 보았습니다.

그러나 곧 반응이 뒤따를 것입니다. 쉼 없는 '되어 감' 대신에 변함없는 '됨'이 우리를 매혹하기 시작할 것입니다. 끊임없는 노동을 갈망하는 대신에 그리고 레싱(Gotthold Ephraim Lessing, 1729-1781) 및 피히테와 함께 천국의 행복인 "무료함"(Langeweile)을 부르는 대신에, 우리는 하나님의 백성들을 위해 남아 있는 그 안식을 갈망합니다. 그때 우리는 더 이상 '됨'의 개념을 혐오하지 않을 것입니다. 오히려 반대로 우리는 '되어 감'의 영원한 과정에 싫증날 것입니다.

그리고 동일한 방식으로 피히테가 나중에 자신의 철학을 변형한 것처럼, 기독교회를 흔드는 현재의 사조는 뒤집어질 것입니다. 왜냐하면, 그것은 더 이상 인간의 마음을 만족시키지 않기 때문입니다.

현재의 사조는 종교로부터 마음을 탈취했습니다. 그리고 종교를 도덕의 종으로 강등시켰습니다. 그리하여 종교의 독립적 가치를 앗아 버렸습니다. 종교는 그저 무언가를 하는 것이 아닙니다. 기독교의 행위는 선하고 필요하지만, 그 자체로는 로마교회가 선행으로 이루려고 했던 것 이상으로 인간의 마음을 만족하게 할 수 없으며 양심에 평화와 안식을 제공하지도 못합니다.

사랑은 믿음을 대체하지 못합니다. 마르다는 마리아가 주님을 찬양하는 일을 빼앗지 못할 것입니다. 의인은 오직 믿음으로 살 것입니다. 현대 기독교가 추구하려는 것처럼 보이는 그리고 결과가 의심의 여지가 없는 그 경로는 아마 결국에는 칼빈주의의 관심을 촉진할 것입니다.

조만간 우리의 눈은 사실에 눈을 뜰 것입니다. 즉, 이 기독교의 현대화는 세상을 이기는 데 성공하지 못하고 오히려 신자들의 믿음을 약화해 왔다는 사실 말입니다. 교회와 세상 사이의, 즉 믿음과 불신 사이의 모든 타협은 우리의 적대자들에게 유리합니다. 그러므로 전투는 원칙에 따라서 진행되어야 할 것입니다.

다윗은 다른 어떤 방법이 아니라 이스라엘의 만군의 하나님, 주님의 이름 안에서 골리앗을 대면함으로써 골리앗을 정복할 수 있었습니다. 이 점이 인식되자마자, 칼빈주의의 아름다움은 다시 한번 드러나고 인정될 것입니다.

칼빈주의는 기쁘게 우리 시대의 기독교적 수고가 가진 선한 특징을 높입니다. 칼빈주의는 세상으로부터 도피하는 개념, 즉 '회피'라는 재세례파의 원리를 절대 선호하지 않습니다. 칼빈주의는 나태와 졸음을 조장하지 않습니다. 칼빈주의는 활동적이고, 각 사람을 자신의 도덕적 부르심에 부응하도록 지시합니다. 그리고 사람들이 모든 힘을 기울여 다시 그 부르심 안에서 일하도록 독려합니다.

또한, 칼빈주의는 우리 시대의 소란과 아우성, 불안과 긴장을 기독교의 무력함 안에 심으려는 세속적인 유형의 기독교에 대해서도 꺼리기는 마찬가지입니다. 칼빈주의는 종교의 독립적인 가치를 유지하며, 종교가 도덕에 의해 삼켜져서 고통받게 하지 않습니다. 칼빈주의는 깊은 신비주의의 동맥을 가지며 헌신된 경건함을 육성합니다. 칼빈주의는 하나님만을 최고선으로 고려하며, 하나님과의 교제를 최상의 행복으로 간주합니다. 칼빈주의는 '됨'의 안식을 '되어 감'의 쉬지 않음에 저항하여 놓고, 시간의 매 순간 안에서 우리로 하여금 영원의 박동을 느끼게 합니다.

이생의 변천과 덧없음 뒤에 칼빈주의는 하나님의 영원한 경륜의 불변을 가리킵니다. 그리하여 칼빈주의는 지친 마음에 안식의 자리를 제공합니다. 하나님은 그 안식의 자리 안에 영원을 두셨습니다. 그리고 사람을 모든 과도한 격앙으로부터 보호하십니다.

믿는 사람들은 서두르지 않을 것입니다. 칼빈주의는 가족의 아버지이자 남편, 자녀들의 어머니이자 아내, 주방의 하녀, 쟁기를 잡는 일꾼이 천상의 마음을 가지고 주님을 위하여 그들에게 제공된 부르심을 수행하는 선교사, 목회자, 주일 학교 교사처럼 진실로 하나님의 종이라는 점을 깊이 확신합니다. 칼빈주의가 육성한 국내의 그리고 공공의 덕목들은 헤아릴 수 없는 가치가 있으며, 해외 또는 국내 선교의 영역 안에서 가장 가치 있는 수고를 위해서라도 칼빈주의를 소홀히 해서는 안 됩니다.

8) 기독교와 칼빈주의가 직면하는 질문들

더욱이 현시대에 칼빈주의가 심각한 위기를 통과하고 있고, 가장 극심한 시험에 놓여 있다는 것을 아무도 부인하지 않습니다. 수많은 사람이 그들을 기독교와 묶어 놓은 모든 연결을 끊어 버렸고 그런 사람들의 수는 날마다 증가하고 있습니다.

> 우리는 더 이상 기독교인이 아니다.

슈트라우스(David Friedrich Strauss, 1808-1874)의 이 고백은 점점 대담해지면서 반복됩니다. 많은 사람이 종교를 인간 정신의 가장 큰 질병이자 일

탈이라고 간주합니다.

그런가 하면 종교의 상실에 대한 보상을 인간 숭배 안에서, 의무에 대한 헌신 속에서, 이웃 사랑 안에서, 미(美)에 대한 숭상 안에서, 이상에 대한 숭배 안에서, 우주에 대한 숭앙 안에서 추구하는 사람들, 혹은 자신의 불만족스러운 정신을 달래기 위해서 심령술과 신지학, 모하마드와 붓다의 종교에 의지하는 사람들도 있습니다.

기독교와 칼빈주의는 이런 질문들에 직면합니다.

진정한 의미에서 기독교와 칼빈주의가 보편적이고 포괄적인가?
그것들은 모든 지역과 상황에 들어맞는가?
그것들의 유용함이 과거의 시간 안에 제한되는가 아니면 미래에까지 이어지는가?
권력의 시대 안에서 또한 모든 종교로부터 점점 더 자유로워지고 있는 문명에 대항하여 기독교와 칼빈주의가 자신을 유지할 수 있을 것인가?
과거처럼 미래에도 기독교와 칼빈주의가 인류에게 복으로 드러날 것인가?

9) 칼빈주의의 강점

이 점에 대한 위기는 매우 심각합니다. 그리고 이 문제에 대하여 예견할 수 있는 사람은 아무도 없습니다. 그럼에도 불구하고 칼빈주의는 우리 시대에 선한 것을 인정하고 사용할 만큼 충분히 유연하고 부드럽습니다.

물론 원리적으로 칼빈주의는 이 시대의 영향력 있는 정신과 지배적인 사조에 반대됩니다. 여전히 칼빈주의를 밀접하게 지지하고 현시대에 칼빈주의를 인정하도록 기여할 수 있는 몇몇 요소를 칼빈주의는 지니고 있습니다.

칼빈주의는 철저히 지적이며, 광범위한 원리와 일관된 체계를 가지고 있습니다. 칼빈주의는 그 자체가 원하는 바를 알고 있습니다. 칼빈주의는 불신 대신에 진리를, 하루 사이에 오락가락하는 의견들에 대항하여 견고함과 확신을 제공합니다.

칼빈주의는 세상과 삶에 대한 포괄적인 관점에 관련됩니다. 그런 이유 때문에 칼빈주의는 단지 종교 및 교회의 문제만이 아니라 또한 마찬가지로 윤리적, 사회적 및 정치적인 삶에도 발맞추어 갑니다.

칼빈주의는 민주적이고 국민의 이익을 지지하며 정부에 대한 국민의 영향력을 강화합니다. 칼빈주의는 자유를 사랑하고, 언론과 양심, 예술과 과학의 자유를 방어하는 데 절대 실패하지 않습니다.

칼빈주의는 사회적이며, 아굴의 기도에 부합하여 부와 가난으로부터 보호받고 자기 몫의 양식을 먹는 탄탄하고 근면한 시민 계층을 배출한 것에 자부심을 느낍니다. 칼빈주의는 능동적이고 역동적이며, 모든 사악한 수동성과 나태한 쉼을 싫어하며 사람들이 하나님으로부터 부여받은 부르심을 성취하도록 촉구합니다.

심지어 현세기의 철학적 체계들도 칼빈주의를 변증적 용도로 바꿀 수 있는 많은 요소를 포함합니다. 불가지론적 철학은 하나님의 불가해성, 하나님의 경륜의 불통찰성, 하나님께서 기뻐하시는 뜻(voluntas beneplacit)의 감추어진 성격, 지식에 대한 인간 능력의 유한성과 같은 칼빈주의적 교리와 어울립니다.

칸트의 엄격한 도덕 원리들은 인간 본성의 부패, 즉 인간의 마음에 자리 잡은 "근본적인 죄악"(das radikal Böse)을 더욱 분명하게 드러내는 데 기여합니다. 비관주의 철학은 죄의 교리를 확정하며, 쇼펜하우어(Arthur Schopenhauer, 1788-1860)를 통해서 죄의 권세로부터 탈출하는 유일한 도구로서 중생의 필요성을 가장 분명하게 유지해 왔습니다.

현세기 동안 발전해 온 거의 모든 철학 체계는 자유 의지론에 대한 개혁파의 거부를 지지하는 일에 기여하고, 하나님께서 주신 법령의 인과적 일관성을 확언하는 일에 협력합니다. 만일 우리 시대의 철학적 체계 안에서 칼빈주의와 상응하는 다양한 노선을 추적하여 칼빈주의의 교리적 체계를 방어한다면, 결과적으로 풍성한 보상이 따를 것입니다.

10) 칼빈주의의 다면적 풍성함

칼빈주의를 칭찬하는 데 기여하는 또 다른 특징은 이런 점에 있습니다. 즉 칼빈주의는 여러 가지 사소하고 미묘한 차이점들을 허용하고, 신학적 및 교회적 적용에 있어서 모든 기계적 획일성을 피한다는 점 말입니다.

엄밀히 말해서 루터주의는 단일 교회 그리고 단일 신앙고백을 산출했습니다. 반면 칼빈주의는 많은 나라 안으로 들어가기 위한 입구를 발견해 왔고, 수많은 다양한 유형의 교회를 세웠습니다. 칼빈주의는 하나가 아니라 수많은 신앙고백서를 창출했습니다. 그리고 그런 신앙고백서들은 서로 간의 복사본들이라 할 수 있습니다.

그러나 츠빙글리의 신앙고백서들은 칼빈의 것들과는 다른 특징을 지닙니다. 제네바 교리문답은 하이델베르크 교리문답과는 상당히 다릅니다. 벨기에 신앙고백서는 웨스트민스터 표준문서와 비교하면 꽤 독특합니다. 감독교회는 장로교회만큼이나 개혁교회로 인식됐습니다.

이런 주목할 만한 사실은 칼빈주의가 개별성을 드러내기 위한 여지를 가지고 있음을 보여 줍니다. 왜냐하면, 그런 특징적인 차이는 다양한 민족 가운데 자연스럽게 나타나야 하기 때문입니다. 은사에는 다양성이 있으며, 관점의 차이는 해를 낳기보다는 오히려 유익이 됩니다.

어떤 개인이나 개별 교회에 진리가 완전하게 이해되도록 주어지지는 않았습니다. 진리는 완전히 이해하기에는 너무 풍성하고 다면적입니다.

우리는 모든 성도와 함께할 때만 그리스도의 사랑의 넓이와 길이와 깊이와 높이를 이해할 수 있습니다.

11) 칼빈주의의 진취성과 자주성

이 점은 또한 미래의 교회에도 적용될 것입니다.
로빈슨(John Robinson, 1576-1625)은 순례자 선조들에게 말했습니다.

> 형제들이여, 내가 여러분을 다시 볼 기쁨을 누릴지는 하나님만 아십니다. 그러나 하나님께서 우리에게 무엇을 주시든지 나는 여러분의 마음에 이것을 묶어 두고자 합니다. 여러분은 더 이상 나를 여러분의 지도자로 추앙하지 않을 것이며, 오히려 내가 그리스도를 나 자신의 지도자로 추앙할 것을 볼 것이라는 점 말입니다. 만일 주님께서 삶을 통하여 그리고 어떤 다른 수단을 통하여 여러분을 인도하기를 기뻐하시거든 주님을 따르십시오. 우리는 아직 목적지에 이르지 못했습니다. 성경에는 여전히 보화들, 즉 우리에게 감추어진 채로 남아 있는 지식이 있습니다.

장로교회들이 처한 모든 비참함은 종교개혁을 완성된 것으로 고려하기 위한 그들의 분투에 그리고 종교개혁자들의 수고로 시작된 것을 더 증진시켜 나아가지 않음에 기인합니다. 루터파 사람들은 루터에 머물러 있고, 많은 칼빈주의자는 칼빈에 머물러 있습니다.

이것은 올바르지 않습니다. 분명히 이 사람들은 그들의 시대 안에서 타오르고 번쩍이는 빛들이었습니다. 그럼에도 불구하고 그들은 하나님의 진리의 총체 안으로 들어가는 통찰을 소유하지는 못했습니다. 그리고 만일 그들이 무덤에서 나올 수 있다면, 그들은 먼저 감사함으로 모든 새로운 빛을 받아들일 것입니다.

형제들이여, 기독교의 영적 인식이 한 걸음만으로 임무를 완성했다고 믿는 것만큼이나, 짧은 종교개혁의 시기 동안 모든 오류가 떨어져 나갔다고 믿는 것은 부조리합니다.

칼빈주의는 진보를 멈추고자 하지 않으며 다양성을 촉진합니다. 칼빈주의는 구원의 신비 속으로 더욱 깊이 침투하려는 박동을 느끼며, 그런 느낌 안에서 칼빈주의는 교회의 모든 은사와 각기 다른 부르심을 존중합니다.

칼빈주의는 네덜란드에서와 마찬가지로 미국과 잉글랜드에서도 그 자체의 동일한 모습의 발전을 요구하지 않습니다. 칼빈주의는 각 나라와 각 개혁교회 안에서 칼빈주의 그 자체의 본질에 부합되게 스스로 발전해야 하며, 외국의 사상에 의해 대체되거나 변질되도록 허용하면 안 된다는 점이 주장되어야 합니다.

독일을 신학적 학문의 중심지로 바라보는 잉글랜드와 미국의 지배적인 현 사조는 개혁교회와 개혁 신학 모두에 해를 끼칠 수 있을 뿐입니다. 이런 방식으로 모든 종류의 이질적인 원리들과 사상들이 교회와 학교 안으로 들어갈 입구를 발견하고 따라서 교회와 학교는 그 자체의 토대를 간과하도록 끌려갑니다.

각 나라가 자국의 독립을 명예롭게 여기듯이, 각 교회의 개별적인 특징을 보호하고 보존하도록 그리고 역사의 가르침에 따라 미래의 교회와 신학을 위해 일하도록 요청받는 각 교회의 부르심도 명예로운 것입니다.

12) 칼빈주의의 포용성

이런 요구는 배타주의로부터 태어난 것이 아닙니다. 개혁파는 절대 편협하지 않았습니다. 말부르크에서 츠빙글리는 형제애에 있어서 루터보다 훨씬 탁월했습니다.[14] 칼빈주의자들은 루터파 사람들을 절대 배척하지 않았고 오히려 항상 그들을 형제로 인정했습니다.

칼빈주의는 비록 가장 순수한 종교가 되기를 주장하고, 모든 로마의 혼합으로부터 가장 완전하게 순수한 기독교를 지니려고 했지만, 결코 유일한 참 기독교인 체하지는 않았습니다. 칼빈주의는 심지어 교황의 교회 안에서도 기독교와 기독교회를 인식해 왔습니다.

칼빈주의의 세례에 대한 폭넓고 온화한 인정은 칼빈주의가 교회의 보편성을 절대 부인해 오지 않았다는 점을 보여 줍니다. 칼빈주의는 기독교의 특징적이고, 가장 풍성하며 가장 아름다운 형태이지만, 칼빈주의가 기독교 그 자체는 아닙니다.

---

14 1529년에 츠빙글리와 루터가 성찬식에 있어서 그리스도의 임재와 관련된 사안을 논의하기 위해 열렸던 말부르크 회담을 가리킨다. 말부르크 회담과 관련하여 근래에 발표된 두 논문을 참조하라. 류성민, "마르부르크 조항 연구", 「갱신과 부흥」 22 (2018), 7-38. 류성민, "츠빙글리와 멜란히톤, 마르부르크 회의의 양자회담을 중심으로", 「갱신과 부흥」, 24 (2019), 55-84.
츠빙글리의 루터보다 탁월한 형제애는 다음의 글에서 확인된다.
"츠빙글리는 눈물을 흘리면서 루터에게 다가가 형제로서 손을 내밀었다. 그러나 루터는 악수를 거절하면서 '여러분의 정신은 우리의 정신과 다릅니다'라고 다시 한 번 말했다. 츠빙글리의 생각은 본질적 교리에 일치하면 비본질적 교리에 차이가 있더라도 성도의 사귐이 방해를 받지 않는다는 것이었다. 그는 이렇게 말했다. '그러면 우리가 서로 동의하는 모든 내용에 대해서 서로 간의 일치를 고백합시다. 나머지 점들은 우리가 형제들이라는 사실을 기억하는 것으로 대신합시다. 만약 우리가 부차적인 점들에 대한 차이를 감내하지 못한다면 교회들 안에 결코 평화가 없을 것입니다.' 루터는 육체적 임재를 근본적이고 본질적인 믿음의 조항으로 여겼고, 츠빙글리가 제안한 관용을 진리와 상관없는 일로 해석했다. 그는 이렇게 말했다. '당신이 나를 형제로 여기다니 뜻밖입니다. 그것은 당신이 자신의 교리를 그다지 중요하게 여기지 않는다는 분명한 증거입니다.' 멜랑히톤은 스위스인들의 요청을 생소하고 일관성 없는 태도로 간주했다. 비텐베르크 대표들은 스위스 대표들을 향해서 '여러분은 기독교 교회의 사귐에 들어 있지 않습니다. 우리는 여러분을 형제로 인정할 수 없습니다'라고 말했다. 하지만 그들은 원수도 사랑하라는 계명에 따라서 그들을 보편적 사랑의 대상에는 기꺼이 포함시켰다. 스위스 대표들은 그러한 무례한 발언에 분노가 치밀어 올랐으나 감정을 자제했다." 필립 샤프, 『교회사 전집 7, 독일 종교개혁』, 박종숙 역 (고양: 크리스천다이제스트, 2004), 536-537.

그리스도의 몸으로서 교회가 가장 충만한 성장에 이르고 교회의 몸의 모든 지체가 충만하게 성장한 이후에 비로소 교회는 믿음에 있어서 그리고 하나님의 아들에 대한 지식에 있어서 충만한 일치를 얻게 될 것입니다. 이때까지 개혁교회를 포함하여 각 교회는 자신이 위임받은 사명을 지켜내야 합니다. 그것은 진리가 순수하고 오염 없이 전달되고, 가능하다면 후세대에까지 한층 더 정화되고 개혁되게 하는 것입니다.

13) 성도의 교제를 중시하는 칼빈주의

네덜란드의 칼빈주의가 다른 나라 안에서 칼빈주의의 미래에 여전히 영향을 발휘하게 될지는 아무도 말할 수 없습니다. 아무튼 네덜란드 저자가 이 점에 대하여 의견을 개진하는 것은 분명히 제외되어야 할 것입니다.

도르트 총회에서 네덜란드의 개혁교회들은 성도의 교제를 인식했고, 알미니우스주의와의 투쟁 속에서 칼빈주의의 원리들 및 토대와 관련된 사안에 대해서는 개혁파 기독교 전체의 동의 없이 결정하기를 거부했습니다. 이러한 성도의 교제는 지금도 여전히 존재합니다. 여기서든 어디서든, 투쟁은 우리 하나님의 주권적인 은혜에 관한, 하나님의 말씀 권위에 관한, 그리스도의 영광에 관한 하나의 투쟁입니다.

아마도 네덜란드 안에서 일어난 칼빈주의의 예상외의 부흥은 형제들의 믿음을 강화하고, 그들의 확신을 증대시키고, 그들의 열정에 불을 지피고, 주님을 위한 그들의 싸움 속에 견고하게 남도록 그들을 격려할 것입니다.

===== 제3장 =====

네덜란드의 개혁교회에 대하여[1]

1. 서론

1) 왕권에 귀속된 교회[2]

장로교주의의 옛 체계는 이런 원리[3]들과 조화를 이루지 못했습니다. 네덜란드 내 개혁교회의 정신뿐만 아니라 조직까지도 곧장 거대한 변화를 겪었습니다. 프랑스 혁명은 18세기 말엽에 네덜란드에 모습을 드러냈고, 관심을 가진 사람들에게 열정적으로 환영받았습니다.

1795년 1월 18일 오란여 공(公)이 잉글랜드로 떠난 후 '임시 대표들'은 선언문을 발표했습니다. 이 선언문이 지지한 것은 이런 점들입니다.

모든 사람은 자신의 방식으로 하나님을 예배할 권리가 있으며, 모든 시민은 종교 여하를 불문하고 헌법 기관에서 투표할 수 있어야 하며, 모든 시민은 그 자신의 덕행과 능력의 토대에 기초하여 공직에 선출될 수 있어

---

1 번역 원고로 사용한 영문의 서지 사항은 다음과 같다. "The Reformed Churches in the Netherlands", *The Princeton Theological Review*, 8 (1910): 433-460. 항 구분과 제목 기입 및 소제목 기입은 편역자가 수행한 것임.
2 원문에서 이 앞부분은 제2장 3항 "네덜란드 종교개혁의 첫 시기"부터 "칼빈주의의 쇠락과 보존"까지 전체 인용되어 있으며, 이어서 제1장 2항 "초자연주의의 실체" 부분이 전체 인용되어 있음. 본문은 이 부분에 이어지는 것임.
3 제1장 2항의 내용 중 초자연주의와 관련된 원리들을 말함. 해당 부분을 참조하라.

야 한다는 것입니다.

　1796년 1월 1일에 소집된 국회는 지배적인 혹은 특권적인 교회의 옛 제도를 폐지했고, 교회와 국가를 분리했으며, 1796년 8월 18일에는 대체로 당시 교회와 국가의 연합으로부터 파생된 모든 것이 포함된 것으로서 정부가 이전에 내놓은 모든 선언문과 결의안을 폐기했습니다.

　이런 정신 안에서 헌법이 구성되었는데, 이는 국회에서 소수의 표 차이로 수용되었지만 1797년 8월 18일 국민에 의해 거부되었습니다. 차기 헌법도 같은 경향을 보였지만, 목회자들의 생활비가 3년간 지급되어야 하는 것으로 제정되었습니다.

　그러나 혁명은 기대한 만큼 성취되지 못했습니다. 곧장 이런 정신을 고무했던 많은 사람이 마음을 완전히 바꾸어 버렸습니다. 교회와 정부의 분리는 철회되지 않았습니다만 1801년 헌법에는 옛 제도의 상당 부분이 복귀되었습니다.

　1803년에는 더 많이 그렇게 되었는데, 예를 들면 목회자들의 생활비 지급, 주일 경축, 감사절, 신학부의 특권 같은 것들입니다. 이런 조건들은 다음과 같은 헌법 요소들에 의해 확인되었습니다. 즉 교회와 정부의 분리는 보존되었으며, 특권을 가진 교회는 폐지되었으며, 모든 종교적 의견은 법의 울타리 내에서 보호되었지만, 정부는 교회를 지속해서 후원하게 된 것입니다.

　1805년에는 국무장관이 교회 정책을 맡았습니다. 1810년에는 공공 예배부가 설립되어 1862년까지 유지되었습니다. 1808년 8월 2일에 제정된 법령에 따라 교회 재산은 국고로 귀속되었습니다. 그리고 개혁교회 목회자들만이 아니라 다른 교단 목회자들의 급여도 정부가 지불했습니다.

　1810년 7월 프랑스에 의한 합병 이후 개혁교회와 관련하여 큰 분규가 일어났습니다. 1810년 10월 10일자 제국 법령은 교회가 전적으로 정부에 종속되도록 발의했습니다. 1810년 11월 이후에는 목회자들에게 더 이상

급여가 지급되지 않았으며, 골칫거리가 1810년에서 1812년 사이에 갈수록 증가했습니다.

 그러나 1813년 11월에 갑작스러운 변화가 왔습니다. 오란여 공은 돌아왔고 왕으로 선포되었습니다. 그는 곧장 교회와 관련된 일을 처리했는데 스스로 독특한 방식으로 그 일을 수행했습니다. 그는 재정만 개혁한 것이 아니라 또한 잉글랜드에서 알게 된 감독 및 지역 관할 제도에 따라 개혁 교회를 재조직하려 했습니다.

 그러나 그렇게 할 필요는 없었습니다. 교회들은 조직화되어 있었습니다. 교회 안에는 규율의 기준이 있었습니다. 몇몇 노회와 총회는 여전히 존재하고 있었고 언제든지 소집될 수 있었습니다. 아무튼 조직은 존재했지만, 옛 조직은 시대적 혼란 탓에 비효율적이었습니다.

 왕은 다른 곳에서 만연했던 황제교황주의를 도입하여 교회를 자기 뜻을 이루기 위한 수단, 즉 자신의 손안에 있는 도구로 만들려고 했습니다. 1815년 5월 28일 그는 사적 훈령으로 교회가 모르게 11명의 목회자로 된 협의회를 지명했는데, 이들은 이전에 교회 운영을 위해 준비되었던 계획을 검토해야 했습니다. 이 계획은 약간 수정된 형태로 왕에 의해 1816년 1월 7일에 비준되었고 "네덜란드 국가교회 위원회를 위한 총칙"[4]으로 법률이 되었습니다.

2) 교리의 자율화

 이런 방식으로, 교회 규율에 관한 옛 장로교 형태는 한순간에 왕의 독단적인 법령을 통하여 새로운 왕실 조직에 의해 폐지되고 대체되었습니다. 현시점에 네덜란드에서는 이 법규를 기원상 불법적이고, 그리스도의

---

4 이하 "총칙"으로 줄여서 표현함.

왕권에 반(反)하여 특징상 반(反)종교개혁적이고, 반(反)장로교적이고, 위계적이라고 인식하지 않는 사람은 아무도 없습니다.

실로, 총칙 제15항은 입법권이 왕에게 있다고 명백하게 말합니다. 상설 위원회는 노회와 지방 대회를 대신했습니다. 총회는 일 년에 한 번 모이고 왕이 처음으로 지명한 회원들로 된 협회가 되었습니다. 이 총회에 의해 진술된 법칙은 왕이 비준했습니다.

총칙 제9항에 보면 국가교회 위원회가 교리의 유지에 책임을 지는 것은 사실입니다. 그러나 이에 의해 교리는 앞에서 대략 밝힌 대로 초자연주의적 경향을 가진 보편적 기독교로 이해되었습니다. 이런 점은 왕이 교회에 제시하여 결정된 총회가 개혁교회 목회자들을 위한 가입 절차를 규정했을 때 강력하게 드러났습니다.

이 절차 안에서 목회자들은 "일반적으로 인정된 네덜란드 개혁교회의 일치를 이루는 신앙규범(the Forms of Unity)[5] 안에서 하나님의 거룩한 말씀에 부합된 교리를 신실하게 수납하고 참되게 믿기로" 서약하게 됩니다.

그런데 이 서약문은 의도적으로 모호한 방식으로 표현된 것으로 추정됩니다. 그렇게 모호하기는 해도 이 서약문은 목회자들이 하나님의 말씀에 토대를 두기 때문에 일치를 이루는 신앙규범들을 수납할 필요는 없고, 단지 하나님의 말씀에 부합하는 한에 있어서 일치를 이루는 신앙규범들 안에 포함된 교리만을 받아들일 필요가 있음을 분명하게 언급하는 것입니다. 그리고 이렇게 받아들일 수 있는 교리에 관한 결정은 개인에게 자유롭게 남겨졌습니다.

---

5 "일치를 이루는 신앙규범"은 벨기에(또는 네덜란드) 신앙고백, 도르트 신조, 하이델베르크 요리문답을 말한다. 여기에서 "일치"는 이 세 신앙규범 사이의 일치가 아니라 교회의 하나 됨을 이루게 하는 의미에서의 일치다. 이 점은 헤르만 셀더하위스(Herman Selderhuis) 박사로부터 확인한 것이다.

2. 분리 운동

1) 교회에 대한 국가 권력의 유지

역사는 더욱 단호한 방식으로 말합니다. 어떤 면에서 교회 조직 내에 점진적인 개선이 있었음을 인정해야 합니다. 빌럼 2세와 빌럼 3세는 교회에 더 많은 독자성을 제공했습니다. 1842년에 빌럼 2세 왕은 헌법에 따르면 자신은 교회의 일을 다스릴 자격이 없다고 스스로 선언했습니다. 그는 1843년에 교회 안에서 최고 입법권을 총회에 제공했습니다. 그리고 새로운 규정이 총회에 의해 1852년에 만들어졌습니다.

이 규정은 어떤 점에서 더욱 나음을 위한 변화였는데, 이는 회중 구성원들에게 더 많은 권위를, 장로들에게 더 많은 특권을 제공했고 아래로부터, 즉 교인들로부터 조직을 세우는 일에 관심을 두었기 때문입니다.

이런 점에도 불구하고, 총회는 1816년의 조직과 본질상 같은 것이었습니다. 정부에 의해 수립된 총회는 독립적이었지만 교회는 그 통치의 압제에서 벗어나지 못했습니다. 권력은 그저 정부에서 총회로 전이되었을 뿐 폐지되지 않았던 것입니다. 위계적인 정신에 영향을 받아 그 기원부터 제왕적인 이 권력은 비록 여러 가지 점에서 바뀌었지만, 오늘날까지 교회와 그 구성원들에 대립하는 국가교회 위원회 체계 내에서 유지되어 온 것입니다.

2) 신앙고백서를 벗어난 교권 형성

현세기의 네덜란드 개혁교회의 역사가 이 점에 대한 분명한 증거를 제공합니다. 그것은 신앙고백서와 법령 사이의 단일하며 지속적인 투쟁입니다. 19세기 초에 우위를 점했던 초자연적인 진영은 1835년경 호로닝언 학파에 의해 그리고 이것은 차례로 1850년경 "현대"[6] 신학에 의해 대체되었는데, 항상 퇴보적인 움직임을 보여 주었습니다.

초자연주의는 신앙고백으로부터 성경으로 물러났고, 호로닝언 학파는 성경으로부터 하나님의 계시로서의 그리스도의 인격으로 물러났으며, 그리고 "현대" 신학은 그리스도의 인격으로부터 예수님의 종교적 특성으로 물러났습니다.

이 모든 진영은 총회와 친밀한 관계를 맺으면서 총회적 파벌을 형성했고, 신앙고백서보다는 규정된 법령에 호소하는 총회에 의해 항상 지지받았습니다. 국가교회 위원회의 주된 고려사항이자 지속하여야 할 일은 질서와 평화를 유지하고, 원리상 반대하기 때문에 연합될 수 없는 사람들을 결속시키는 일이었습니다. 법령의 권위에 의해 개혁교회의 참된 아들들은 제외되었고, 부당한 취급을 받았고, 박해받았으며 그리고 쫓겨났습니다.

3) 분리 운동의 조짐

그러나 많은 수의 이 참된 아들들이 여전히 남아 있습니다. 심지어 교회는 더욱 악화되었고, 불신의 지배에 있었음에도 불구하고 말입니다. 앞에서 언급한 대로 이런 사람들의 내향적 부류 안에서 옛 칼빈주의적 믿음이 보존되었습니다.

이런 휴지기로부터 칼빈주의적 믿음이 점차 재등장했습니다. 윌콕스(Wilcox)와 로버트 할데인(Robert Haldane, 1764-1842)에 의해 스위스에 도입된 "부흥"은 보스트(Ami Bost, 1790-1874), 시저 맬롱(César Malan, 1787-1864), 맬러 도비니에(Jean-Henri Merle d'Aubigné, 1794-1872), 마노(Frédéric

---

6 바빙크 당대의 "현대"는 현 기준으로 본다면 "근대"에 해당할 것이다.

Monod, 1794-1863), 고센(François Samuel Robert Louis Gaussen, 1790-1863) 등의 지도력으로 네덜란드, 특히 헤이그와 암스테르담의 특정 귀족 계층 안에서 영향력을 미치기 시작했습니다.

이 부흥 운동은 전국적이지도 않았고 개혁파 교리에 명백하게 부합하지도 않았습니다. 이 부흥 운동은 감리교적(Methodistical)[7]이었고, 개인주의적이었고, 대체로 기독교적 성격을 가졌을 뿐이었지만 큰 복이 되었습니다. 이 부흥 운동은 모든 사람 심지어 가장 하층민 사람들의 복음화를 위해서도 열정적으로 일하기 위해 나아갔고, 자선활동을 장려했습니다. 이 운동은 네덜란드 내에서 칼빈주의의 부흥과 교회 내부의 활력을 이끌었습니다.

불신과 변혁에 저항하는 강력한 시들을 발표했던 유명한 시인 빌딜데이크(Willem Bilderdijk, 1756-1831)는 이미 1810년에 개혁교회의 상황이 불신과 변혁으로부터 분리될 필요가 있다고 썼으며, 이런 확신을 1825년에 다 코스타(Isaac da Costa, 1798-1860)에게 보내는 편지에서 반복하여 드러냈습니다.

분리에 대한 사상은 제네바에 있는 자유교회의 본보기에 힘입어 네덜란드에서 더욱 친숙해졌습니다. 여기저기서, 예를 들어 악설(Axel) 등에서 작은 분리들이 발생했습니다. 모든 계층 가운데 분리에 대한 사상과 필요성이 감지되었습니다.

---

7 "신비주의가 로마가톨릭교회에 반발하여 일어났고, 경건주의가 루터파(그리고 개혁파)교회에 반발하여 일어난 것처럼(즉, 종교개혁을 일상생활로 확장하려고), 감리교는 성공회라는 국가교회에 반발하여 일어났다." 헤르만 바빙크, 『개혁파 윤리학 1』, 박문재 역 (서울: 부흥과개혁사, 2021), 461. 감리교에 대한 총체적인 해설은 같은 책 461-467을 보라.

4) 분리의 외침

이런 분리들 가운데 가장 중요하고 최고로 복된 것은 1834년에 시작된 것인데, 이 분리 운동은 점차 전 지역으로 퍼졌습니다. 흐로닝언(Groningen) 인근의 울룸(Ulrum) 회중의 목회자 헨드릭 더 콕(Hendrik de Cock, 1801-1842)은 그곳 회중의 경건한 사람들과의 담화와 칼빈의 『기독교 강요』를 읽음으로써 진리의 지식에 이르렀습니다.[8]

더 콕은 1833년에 자신이 "그리스도의 양 무리의 늑대들"이라고 지명한 두 목회자에 대항하여 등장했습니다.[9] 이 사건은 그의 정직을 초래했는데 그래도 얼마간 사례비가 유지되었습니다. 그러나 1833년 12월이 되자 그는 2년 동안 사례비를 포기해야 했습니다. 이때 더 콕이 복음송에 저항하여 문제를 제기한 출판물[10]은 1834년 5월 29일에 그의 면직을 야기했습니다.[11]

충분한 고려 끝에, 더 콕은 자신이 속한 노회 그리고 자신이 목회하던 회중의 다수와 결별하기로 결정했습니다. 그리고 더 콕은 이것이 단지 그 자신의 의무만이 아니라 네덜란드 신앙고백 27항과 28항에[12] 따라 모든

---

8 이와 관련하여 자세한 사항은 다음의 자료를 참조하라. Cornelis Pronk, *A Goodly Heritage*, 88-89. 또한 개혁주의학술원에서 개최한 제15회 종교개혁기념 학술 세미나에서 강연한 헤르만 셀더르하위스 박사(아펠도른신학대학원 교회사 교수)의 "헨드릭 드 콕의 영성"(The Spirituality of Hendrik de Cock)을 <YouTube>에서 검색하여 보라.

9 이와 관련하여 좀 더 자세한 사항은 다음 자료를 참조하라. 김헌수, "네덜란드 개혁교회의 역사(2)"「성약 출판 소식」68 (2008년 11월). www.sybook.org에서 검색하거나 catechism.tistory.com/1170 에 걸어놓은 링크를 통해 볼 수 있다.

10 이 출판물의 서지사항은 다음과 같다. Jacobus Klok & Hendrik de Cock, *De evangelische gezangen getoetst en gewogen en te ligt gevonden* (Groningen: J. H. Bolt, 1834). 도서명을 한글로 풀어 보면 다음과 같다. 『시험하고 무게를 재 보고 지나치게 가벼움을 발견한 복음적 찬송가』. 다음을 참조하라. 제임스 에글린턴, 『바빙크』, 51.

11 네덜란드 개혁교회 내 복음송의 도입 및 이에 대한 저항과 관련하여 부록 3을 참조하라.

12 '네덜란드 신앙고백'은 '벨기에 신앙고백'으로도 불리는 바 27항과 28항은 부록 4를 보라.

신자에게 동등한 의무라고 판단했습니다.

더 콕은 〈네덜란드의 신실한 신자들에게 드리는 강연과 권유〉에서 신자들로서 자신들의 책임을 일깨우도록, 즉 거짓 교회로부터 분리하여 참된 교회에 참여할 것을 촉구했습니다. 곧장 곳곳에서 철회와 분리가 일어났습니다.

스콜터(Hendrik Peter Scholte, 1805-1868)의 지도 아래 헨더런(Genderen)에서, 브루멀캄프(Anthony Brummelkamp, 1811-1888)의 지도 아래 하텀(Hattem)에서, 판 펠전(Simon Van Velzen, 1809-1896)의 지도 아래 드로허함(Drogeham) 등에서 말입니다. "바벨론에서 나오라"라는 소환이 네덜란드 전역에 울려퍼진 것입니다.

5) 분리 측 회중에게 가해진 핍박

그러나 초기에 분리된 회중은 좋은 조직, 총명한 리더십, 내적 조화가 부족했습니다. 곧장 세례, 교회 규범, 공식 복장, 은혜의 보편적 설교에 대한 필요성 그러나 무엇보다도 정부가 그들에게 부여한 자유, 그리고 그 자유를 수용함의 적부성에 관련된 모든 종류의 불화가 일어났습니다.

정부는 분리를 정당한 것으로 간주하지 않았습니다. 1834년 이전에 네덜란드 정부는 분리된 기독교 모임의 설립에 반대 의사를 여러 번 표명했습니다. 그런 모임들의 통솔자들은 당시에 벌금을 내거나 수감되는 벌을 받았고 모임들은 해산되었습니다. 총리가 분리에 대한 반감을 표하고 회중이 총회의 규율로 돌아가도록 책망했을 때, 핍박이 만연했습니다. 경찰과 법원은 분리된 사람들에 대항하여 공무를 수행할 권위를 부여받았습니다.

심지어 국가교회의 총회도 기독교 집회를 지속하기 위해 분리하는 것을 허용하지 않을 것과 분리된 회중의 설립을 저지해야 한다고 정부에 요구하는 편을 택했습니다. 지위를 가진 모든 사람은 박해를 찬성했습니다. 잡지와 정기 간행물들은 분리 측 교인들에 대하여 취해진 대책에 만족을 표했습니다. 어떤 곳에서는 심지어 폭도들이 분리 측 교인들에게 온갖 종류의 모욕을 하고 짜증을 부리도록 요구받기조차 했습니다. 벌금, 감금, 민가에 군인들이 체류하는 것이 당시 일상이었습니다.

오직 소수만이 이런 종교적 무관용에 감히 저항했는데, 주목할 만한 사람은 흐룬 판 프린스터럴(Guillaume Groen van Prinsterer, 1801-1876)이었습니다. 이런 상황에 대하여 외국에서는 더 실감 나는 언어로 분통을 표출했습니다.

6) 정부의 대책과 분리 측 회중의 반응

1835년 12월 11일에 정부의 문서가 한 건 발표되었습니다. 이 문서에 담긴 내용은 이러합니다.

국왕은 국가교회로부터 분리하여 개별 단체를 형성하려는 일부 회중의 의도를 깊은 슬픔을 가지고 들으셨다는 점, 국왕은 공공의 평화와 안전이 절대 방해받지 않을 것이 명백해질 때까지는 분리 측 회중에 대한 승인이나 헌법적인 보호를 제공할 수 없다는 점, 그러므로 새로운 회중은 국가교회의 번영, 권리 또는 특권을 침해할 만한 것은 아무것도 허용하지 않겠다는 내부 규정을 제출해야 한다는 점입니다.

1836년 3월 2일부터 12일까지 암스테르담에서 열린 분리 측 회중의 첫 총회에서 주장된 바는 다음과 같습니다.

그들은 네덜란드에 있는 개혁교회들을 대표한다는 점, 그들은 단지 교회 정치의 반(反)종교개혁적 형식을 벗어던졌을 뿐이며 교회 자체를 떠난 것이 아니라는 점, 그러므로 그들이 옛 네덜란드 개혁교회로서 교회의 물건, 소유권, 수익에 대한 권리를 가지지만 그럼에도 불구하고 단지 공적 기독교 모임들을 유지할 자유만을 원하며 이들 권리를 포기하고자 한다는 점입니다.

그러나 정부는 분리 측 회중의 이러한 태도에 대하여 우호적인 모습을 보이지 않았으며 오히려 1836년 7월 5일에 왕실 칙령을 발표함으로써 응대했습니다. 내용은 이러합니다.

개혁교회의 칭호에 대한 분리 측의 주장은 찬탈로 간주했고 모임은 금지되었습니다. 만일 어떤 사람들이 분리된 회중을 결성하고자 한다면, 그들은 자립할 것과 정부로부터 어떤 도움도 기대하지 않을 것과 국가교회의 어떤 소유도 침해하지 않을 것을 각 사람이 문서에 서명하고 제출하여 정부의 허락을 받아야 했습니다.

이러한 정부의 칙령은 분리 측 회중 가운데 큰 불화를 야기했습니다. 예를 들어, 위트레흐트 회중의 경우, 일부는 그런 조건으로 예배의 자유를 얻는 것이 바람직하다고 보았습니다. 그러나 많은 사람이 "개혁교회"의 이름을 포기하는 것, 단지 개인의 집단이나 단체로서만 인정받는 것, 개혁교회의 칭호 또는 소유권에 대한 권리를 잃는 것에 양심의 거리낌을 느꼈습니다. 이렇게 되어 이른바 "분리 측 회중"과 "십자가 아래 회중" 사이에 분열이 일어난 것입니다.[13]

---

[13] 분리 운동의 주요 지도자 더 콕이 1841년도에 별세하기 이전에 이미 일부 회중이 분리 측 교회에서 이탈했고 "십자가 아래 개혁교회"를 조직했다. 이곳에 속한 목사들은 교리상으로 복음의 값없는 제공을 설교하는 것이 합당하지 않다고 주장함으로써 초칼빈주의적(hyper-Calvinistic) 성향을 유지했다가 이후 점차로 이런 성향에서 돌이키면서 원래의 분리 측 교회와 재연합에 이른다. 다음을 참조하라. Cornelis Pronk, *A Goodly Heritage*, 285, 295. "십자가 아래 교회"(Churches under the Cross)라는 용어는 네덜란드 초기 개혁교회의 핍박받는 상황을 조명하기 위해 사용된 용어이며, 1834년 분리 운동 이후 한 부류에서 정부로부터 핍박받는 상황을 묘사하기 위해 이 용어를 차용한 것임.

7) 기독 개혁교회의 탄생

1840년 빌럼 1세의 퇴위 이후 박해는 점차 중단되었고 또한 불화의 원인이 실질적으로 제거되었습니다. 점차 연합, 질서, 조직이 생성되었습니다. 분리 측 회중 가운데 이런 일은 1854년 캄펀에 신학교를 설립함으로써 상당히 촉진되었습니다. 이 신학교가 생기기 이전에 신학생들은 개별적으로 목회자들로부터 지도를 받았습니다. 그래서 학생마다 의견의 차이와 분열이 존재했습니다. 그러나 1854년에 이 점이 정리된 것입니다. 교회의 모든 목회자는 향후 동일한 학교에서 교육받았고 결과적으로 교회의 통일성은 증대되었습니다.

1834년에서 1854년 사이의 기간은 많은 점에서 박해, 불화 그리고 불일치의 기간이었습니다. 그러나 1854년 이후 성장의 시기가 분리 측 교회에서 시작되었습니다. 1869년에는 분리 측 회중과 십자가 아래 회중 사이의 재연합이 기독개혁교회(Christelijke Gereformerde Kerken, CGK)라는 새로운 이름하에 일어났습니다.[14] 그리하여 기독개혁교회는 제정된 규칙 강령에 근거하여 마침내 정부로부터 승인되었습니다.

기독개혁교회의 명예와 영광은 점점 더 국가로부터 자유로운 자유교회가 되는 일에 있었습니다. 처음에 일부의 사람들은 여전히 자신들이 옛 개혁교회이며 네덜란드 국가교회의 소유권과 정부로부터 지원받을 권리가 있다는 점을 견지했습니다. 그러나 다른 영향이 다른 의견을 초래했습니다. 심지어 분리의 초기에 일부의 사람들은 스위스 부흥의 영향을 받았습니다.

---

14 "이름과 관련하여 다양한 제안이 나왔다. 자유개혁교회, 재건개혁교회, 개혁교회, 옛 개혁교회 그리고 기독개혁교회이다. 맨 마지막 이름이 채택되었는데 연합된 교회들은 단지 기독교회일 뿐만 아니라 또한 옛 개혁교회의 합법적인 존속이었기 때문이다." Cornelis Pronk, *A Goodly Heritage*, 285, 294. 흥미진진하며 교훈적인 분리 측 교회 내의 재연합 과정 전체는 같은 책 285-296을 참조하라.

특별히 비네(Alexandre Rodolphe Vinet, 1797-1847)의 영향을 받았는데, 그는 국가로부터 교회의 분리를 옹호한 사람이었습니다. 1837년 9월 21일부터 10월 11일까지 열린 위트레흐트 총회는 이미 이런 원리를 선언했습니다.

그리고 나중에 스코틀랜드 연합장로교회의 대표자들에 의해 특별히 이 원리는 촉진되었습니다. 이들은 1860년 호허페인(Hoogeveen) 총회에 처음 참석했습니다. 참석자들은 제임스 하퍼(James Haeper, 1795-1879) 박사, 윌리엄 페디(William Peddy) 박사 그리고 존 델크 페디(John Delk Peddie) 씨입니다. 그때 이후로 국가로부터 자유로워져야 한다는 확신이 분리 측 교회들 가운데 점점 더 자라났습니다.

3. 국가교회 내의 개혁 운동과 애통 운동

1) "윤리적" 진영의 등장

그러나 많은 그리스도인, 심지어 개혁파적 확신을 가진 사람들도 국가교회 안에 남았으며 분리에 대한 양심의 가책을 가졌습니다. 하지만 부흥 때문에 모여들고 분리에 대한 두려움으로 함께한 이 동지들은 의견의 합일에 이르지는 못했습니다. 그들은 몇 가지 점에서 서로 의견을 달리했는데, 개혁파 교리들에 있어서 특별히 예정과 특별 은혜에 있어서, 네덜란드 국가교회와 그 상태에 있어서, 신앙고백 조항들의 진정성과 가치에 있어서, 국가, 교육, 정치 등에 있어서 그러했습니다.

그중에서도 두 진영이 존재했습니다.

하나는 "윤리적"이었는데 이 진영은 독일 "중재신학" 안에서 제시된 것으로서 부흥 안에서 경건주의적 요소들을 촉진하려 했고, 특별히 슐터

피 더 라 쏘세의 리더십 아래에서 그렇게 했습니다.[15]

윤리적 진영은 갱신된 주체로부터 출발점을 취했습니다. 교리 이전에 삶의 순결을 두면서 그리고 그 삶으로부터 성경 안에 그리고 신앙고백서 안에 있는 모든 객관적 진리를 연역하려고 하면서 말입니다.

교회의 주된 목표는 교리와 그 교리의 유지가 아니라 살아 있는 그리고 믿고 있는 회중입니다. 이 회중은 교회의 뼈대이자 영감으로서 신앙고백서의 조항들 속에 표현된 것인데, 신앙고백서는 단지 불완전하고 가변적인 삶의 규범에 불과합니다. 그러므로 절대적으로 그리고 법적으로 교리, 신앙고백, 규범을 유지하는 것은 아무 쓸데없고, 윤리적 설교, 도덕적 훈육, 성령에 의한 갱신만이 가치 있는 것들입니다.

만일 사람이 회심하고 삶이 갱신된다면 모든 필요한 것은 얻은 것입니다. 이 일이 성취될 때까지 교회의 혼란스러운 상태는 하나님의 뜻으로 받아들이며 온유하게 견뎌내야 합니다. 점차로 이 "윤리적" 진영은 학교, 교회, 정치, 신학적 기능 등에 관한 의견에 있어서 다른 진영으로부터 점점 더 멀어졌습니다.

2) 빌덜데이크의 영향력

다른 하나는 반대 진영으로서 유명한 흐룬 판 프린스터럴(Guillaume Groen van Prinsterer, 1801-1876)이 지휘했습니다. 흐룬은 부흥의 아들이었으며 또한 빌덜데이크의 제자였습니다. 빌덜데이크는 시적 천재성을 가지고 원리적으로 모든 이신론, 합리주의, 펠라기우스주의, 변혁적 사상과 싸웠던 사람입니다.

---

15 제1장 6항을 참조하라.

빌덜데이크는 항상 하나님의 주권에 열심이었고, 라이던에서 네델란드 역사에 대하여 가르친 결과 많은 학생이 역사적 연구를 해 나가도록 고무되었습니다. 이 때문에 변호사였고 네델란드 역사에 정통했던 흐룬은 종교개혁의 위대한 진리로 자신의 발걸음을 되돌렸고, 칼빈주의 중요성 속으로 몰입했으며, 역사와 경륜에 대한 지식을 가지고 그리스도인으로서 살기 위해 노력했고, 국가, 정부, 학교, 그리고 교회의 개혁파적 특징을 유지했습니다.

이러한 개혁파적 특징과 관련하여 이 시기 이전에 많은 사람이 개혁파 교리를 유지하기 위해 네델란드 국가교회의 총회를 제안했습니다. 1835년에 이런 취지로 많은 청원이 총회에 제출되었지만, 이 중요한 문제는 항상 대수롭지 않게 묵살되었습니다. 총회는 이 문제에 관여하려 하지 않았으며, 스스로 이 문제를 판단하기에 무능하다고 생각했고 때가 무르익지 않았다고 선언했습니다.

그러나 이러한 개혁 운동은 전진해 나아갔습니다. 1841년에 모레이스(Bernardus Moorrees, 1780-1860) 목사는 옛 방식의 목회자 허입(許入) 시행과 교리의 유지를 위해 8790명의 서명을 받은 탄원서를 총회에 제출했습니다. 그러나 이 중요한 요구는 다시 총회에 의해 대수롭지 않게 처리되었는데, 총회는 청원의 어조가 온당하지 않다고 선언했으며 네델란드 국가교회는 "자유주의적"이지 않고, "본질과 요점"이 여전히 유효한 신앙고백의 유형을 지니고 있다고 선언하면서 자족했습니다. 그러나 "본질과 요점"이 어디에 있는지는 말하지 않으려고 조심했습니다.

3) 프린스터릴의 개혁 운동

다음 해인 1842년에 다시 많은 청원이 국가교회 총회에 제출되었는데 그중에 특별히 "헤이그의 신사"로 알려진 일곱 명에 의한 청원서가 있었습니다. 흐룬 판 프린스터럴이 이들 중 한 명이었습니다. 그들은 일치를 이루는 신앙규범의 권위와 관련하여, 목회자들의 학문적 교육에 관하여, 초등 교육과 교회 교육 사이의 상호 연결에 관하여, 그리고 당회의 개정에 관하여 한 청원서를 제출했습니다.

그들은 총회 자체가 교리의 본질과 요점을 유지하지 않았고, 오히려 모든 종류의 거짓 교리를 허용했으며, 총회의 태도가 모호했다고 선언했습니다. 그러므로 그들은 교리의 요점들이 설교와 교육을 위한 지침이 되어야 한다는 분명하고 적극적인 선언을 총회에 요구했습니다. 그들은 무엇보다도 분명함과 명료함을 원했습니다.

그러나 총회는 그렇게 할 수 없었고, 그렇게 하지 않으려 했습니다. 결과적으로 불신이 점차 교회 안에서 증대했습니다. 그리고 기독교의 진리들에 대한 거부가 더욱 일반화되었습니다. 이 때문에 청원자들에게 폭풍이 일어났습니다. 1843년에 총회는 반대편에서 보낸 청원서들에 의해 시달렸고, 단지 1841년에 주어진 답변을 고수한다고 선언할 뿐이었습니다.

4) 교리적 자유주의를 허용한 국가교회 총회

1841년에서 1843년 사이에 교회 정치의 체계와 관련하여 두 진영이 있다는 점이 분명해졌는데, 그것은 "윤리적" 진영과 "법적이며 신앙고백적인" 진영이었습니다. "법적이며 신앙고백적인" 진영은 마침내 총회에 의해 일이 바로잡힐 것이라는 소망을 지속해서 마음에 품었습니다. 그러나 점차 그 소망은 약화했습니다. 하강 운동이 진행되고 있었던 까닭입니다. 초자연주의적 진영은 흐로닝언 학파에 의해 계승되었고, 이는 당시의 "현대적" 진영에 의해 계승되었습니다.

1846년 라이던에서 루트헐스 판 델 루프(Abraham Rutgers van der Loeff, 1808-1885), 1854년 암스테르담에서 메이보옴(Louis Suson Pedro Meyboom, 1817-1874), 1864년 헤이그에서 잘벨흐(Johannes Cornelis Zaalberg, 1828-1885)와 같은 반(反)종교개혁 목회자들의 임명이 총회 위원회에 의해 승인되었습니다. 이는 사실 교리에서의 자유를 내준 것이었습니다. 결과적으로 총칙 제2항에 있는 "교리의 유지" 조항이 오해를 일으킨다는 점이 점점 더 분명해졌습니다. 그리고 총회 위원회로부터 만족을 얻으리라는 정통 진영의 소망은 점점 더 수그러들었습니다.

5) 분리를 원하지 않는 중도 진영

이 때문에 특별히 1854년 이후 신앙고백의 지지자들은 자기 진영 내에서 점점 더 후퇴했습니다. 그리하여 신앙고백의 지지자들을 하나로 묶기 위해 그리고 네덜란드 국가교회의 교리 및 주장을 유지하고 옹호하려는 목적으로 함께 행동하도록 힘을 실으려고 여러 단체가 설립되었습니다. 그러나 이런 지지자들 가운데 곧장 불화가 다시 확인되었습니다.

어떤 사람들은 자신의 진영에서 철회하는 가운데 신앙고백과 관련하여 회중에 영향을 줌으로써 다수의 지지를 얻기 위해, 총회 위원회의 정신적 흐름을 바꾸기 위해 그리고 이런 방식으로 교회를 개혁하기 위해 점진적으로 나아갔습니다. 그러므로 그들은 총회 위원회로부터 적대감을 사지 않기를 원했습니다.

진실로 그들은 비록 1852년에 시행한 교회 총칙의 수정이 모든 세부 사항들에서는 형식을 갖춘 장로교적인 것으로 감지하고 기뻐했지만, 실상 1816년의 총칙보다 훨씬 더 나은 것은 아니었습니다. 그래서 그들은 총회 위원회와 분쟁으로 들어가지 않고 다만 불신과의 분쟁에만 들어갔습니다. 그들은 네덜란드 국가교회를 네덜란드의 교회로서 유지하기를, 분쟁을 피하기를 그리고 무엇보다 네덜란드 국가교회로부터 분리하지 않기를 원했습니다.

이 진영은 특별히 프리슬란트(Friesland)에서 강했는데, 당시 그곳에 속한 회중의 목회자였고 후에 암스테르담에서 목회한 보스(Vos) 박사에 의해서 잘 수호되었습니다.

6) 위계적 조직을 파하려는 개혁 진영

그러나 흐룬 판 프린스터럴에 의해 영향을 받은 다른 구성원들은 1854년 이후로 국가교회 총회 위원회는 고려할 가치가 없으며 그 자체로 불법적이고 반(反)종교개혁적이며 신앙고백과 교회 규율에 반대되었고 그러므로 그들은 거부되어야 한다는 사상을 전개했습니다. 이 진영과 함께 교회와 총회 위원회 사이의 그리고 법령과 신앙고백서의 교리 사이의 분쟁은 갈수록 첨예해졌습니다.

그들은 신앙고백서에 충실하기 위하여 필요하다면 법령을 공격해야 한다고 생각했습니다. 이 법령들은 교회에 고통을 가하는 원리적인 원인이었습니다. 위계적 조직은 교회에 짐처럼 강제 부과되었고 그물처럼 교회 위에 펼쳐져 있었습니다. 교회의 개혁은 이런 조직을 벗어 던지는 일에, 그리고 개혁파적 삶에 더욱 적합한 다른 것으로 위계 조직을 교체하는 일에 있어야 했습니다.

7) 카이퍼의 등장

이 진영의 대변인이자 인도자는 카이퍼였습니다. 그는 1863년에 베이스트(Beesd)에서, 1867년에 위트레흐트에서 그리고 1870년에 암스테르담에서 목회했습니다. 그리고 그는 1874년에 정치에 입문하면서 목회직을 내려놓았습니다.

그 후 카이퍼는 1880년에 암스테르담으로 돌아와 교회의 장로가 되었고 다수당에 막강한 영향력을 행사했습니다. 카이퍼가 위트레흐트에 등장한 이후 그의 삶의 이상(理想)은 강요되었던 위계적 조직으로부터 자유롭게 함으로써 교회를 개혁하는 것이었다고 할 수 있습니다. 네덜란드 국가교회의 상태 안에 있는 모순들을 깊이 인식한 그는 지역 교회들을 결속시킴으로써, 그리고 짐이자 올가미처럼 강요된 위계적 조직을 완전히 벗어던짐으로써 지역 교회들을 독립시키기 위해 노력했습니다.

8) 암스테르담에서 촉발된 개혁 운동

이 운동은 암스테르담에서 시작되었습니다. 이 도시에는 신앙고백을 지지하는 강력한 개혁파 진영이 있었습니다. 당회의 정통파 구성원들과 "현대주의" 목회자들 사이에 작은 분쟁이 여러 번 발생했습니다. 만일 개혁의 성공이 어디서든 가능하다면 그 개혁은 바로 이곳 암스테르담으로부터 나와서 전역으로 퍼져 나갈 참이었습니다.

카이퍼 박사가 교회에 대해서 말하기 시작한 1867년부터 1885년까지 총회 위원회의 불법성, 위계적 조직의 반(反)종교개혁적 성격, 지역 교회의 독립성, 위계적 조직을 퇴출할 필요성과 같은 문제들이 충분히 조사되고 설명되었습니다.

지역 교회 안에서 자유와 자립심을 촉진하는 일에 기여한 많은 일 중에서 국가 전제주의에 대항하는 정계 내의 분쟁, 부모 세대부터 시작된 자유로운 학교를 위한 투쟁, 독특한 지역 사회에 근거하는 자유대학의 준비와 설립, 1866년에 목회자, 장로, 집사 지명권을 총회가 교회 구성원들에게 돌려준 일, 같은 해에 수입 운영권을 지역 교회에 돌려준 일 등이 있습니다.

9) 암스테르담 당회의 증언서 제출 거부

1885년에 암스테르담에서 문제들이 위기에 봉착했습니다. 암스테르담 당회[16]는 특정한 "현대주의" 목회자들의 문하생들에 대한 도덕성 증언서 제출을 거부했습니다. 이 문하생들은 규정에 따라서 이웃 "현대주의" 교회 내에서 인정받기 위하여 그리고 추후 그들 자신이 속한 지역 교회의 구성원으로 등록되기 위하여 그 증언서가 필요했습니다.

노회 위원회는 암스테르담 당회의 증언서 제출 거부를 정죄하지는 않고 다만 그런 거부는 해당 수련생들에 대한 개별 조사에 근거해야 한다고 선언했습니다. 그러나 지방 대회 위원회는 1885년 10월 26일에 6주 이내에 증언서를 발행하도록 암스테르담 당회에 명령했습니다. 그리고 그 직후 암스테르담 당회가 총회 대표에게 제출한 탄원은 1886년 1월 8일 이전까지는 받아들여지지 않았습니다.

그리하여 암스테르담 당회는 증언서를 제출할지 아니면 정직과 면직에 처할지 결정해야 했습니다. 암스테르담 당회는 후자를 채택했는데 그러는 동안 정직과 면직을 당할 때 법적으로 교회가 주는 수입을 보장받도록 조처했습니다. 그리하여 암스테르담 당회는 자유로운 재산관리권을 점유했습니다.

10) 노회 위원회의 반격

이 일이 있기 전 1875년 4월에 암스테르담 당회는 노회, 지방 대회 또는 총회 위원회가 범할 수 있는 위반에 저항하여 교회의 재원을 보호하기

---

16 암스테르담과 그 주변 지역의 모든 교회에 대한 치리권을 가진 당회를 말한다. 론 글리슨, 『헤르만 바빙크 평전』, 윤석인 역 (서울: 부흥과개혁사, 2014), 148 참조.

위해 그리고 교회 감독관, 당회 및 회중의 모든 권리를 보장하기 위해 교회 감독관들에 대한 하나의 규칙을 시행했습니다.

1885년 후반기의 분쟁 기간 암스테르담 당회는 이 규칙에 변화를 제안했습니다. 이는 논쟁 속에서 하나님의 말씀을 지지하려고 한 이유로 정지, 퇴출 또는 다른 당회로 대체된 어떤 당회에는 자산관리 대표자가 그대로 남아 있어야 한다는 취지였습니다.

총칙 제14항에 해당하는 이 변화는 80표를 얻어서 1885년 12월 14일 암스테르담 당회에 의해 채택되었습니다. 그러는 동안 노회 위원회는 암스테르담 목회자로서 당회 회원이자 노회 서기인 보스(Vos) 박사로부터 진행 중인 모든 사항을 계속 통보받고 있었습니다.

다음 날 노회 위원회는 당회 결의 관련 정보를 요구했고, 80명의 투표자를 1886년 1월 4일자로 정직시켰으며, "암스테르담 당회가 한 일"에 대한 책임을 떠맡았고, 당일에 증언서를 발행했습니다. 동시에 노회 위원회는 모든 네덜란드 국가교회 당회에 정직 사실을 알리고 총칙을 위반하지 않도록 경고하기 위해 서신을 보냈습니다. 노회 위원회는 또한 교회 관리인에게 직무 정지된 암스테르담 당회가 집회 장소에서 어떤 모임도 하지 않도록 주의할 것을 명령했습니다.

11) 카이퍼 진영의 패배

논쟁의 원래 원인은 현대주의 목회자들의 문하생들에게 거부된 증언서들이었습니다. 이것은 이제 어느 쪽이 합법적인 당회이며 교회 감독관인지 그리고 새로운 교회의 집회 장소에 대한 소유권을 누가 가지는지에 대한 운영상의 문제로 완전히 대체되었습니다. 이것은 몇몇 일치하지 않는 심지어 격렬한 분쟁점의 원인이었습니다.

카이퍼와 보스는 각자 자기 진영과 함께 반대편에 있었고, 각자 자신이 옳다고 주장했습니다. 그러나 카이퍼 진영이 패하고 말았습니다. 오랜 심의 후에 총회는 1886년 12월 1일에 정직 회원들의 면직을 확정했습니다. 이는 이미 1886년 7월 1일 지방 대회 위원회에서 그리고 1886년 9월 24일 축소 노회에서 결정된 내용이었습니다. 그리고 면직된 사람들은 교회의 특별 혜택과 직무를 받는 일로부터 무기한 배제되었습니다. 또한, 교회의 급여를 받고 관리하는 모든 권리가 박탈되었습니다.

12) 애통 측 교회의 등장

직무 정지를 받고 퇴출된 당회는 1886년 12월 16일에 총회 조직의 멍에를 벗어던지는 것, 도르트 교회 질서(1618)의 체계를 다시 도입하는 것, 현 국가교회의 건물과 수입에 대한 청구권을 주장하지 않는 것을 결의했는데, 이런 이유로 인하여 "애통하는" 교회로 등장하게 되었습니다. 암스테르담 당회는 더 나아가 주일에 공예배를 재개하기로 그리고 일어난 모든 일을 교회의 구성원들과 소통하기로 결의했습니다. 약 2만 명의 교회 구성원들이 퇴출된 당회에 참여했습니다.

암스테르담에서 일어난 분쟁은 온 나라 안에 큰 소동을 일으켰습니다. 사방에서 공감한다는 선언이 동시적으로 나왔습니다. 많은 회중 가운데에서 비록 전부는 아니지만, 그들 중 일부는 직무 정지된 당회로 모여들었습니다.

개혁파 교회 회의가 1887년 1월 11일부터 14일까지 암스테르담에서 열렸고 총회의 위계적 조직을 내던지는 사안에 대하여 숙고했습니다. 그 해에 많은 회중이 암스테르담 당회의 본보기를 따랐습니다. 1887년 1월 28일에 로테르담에서 열린 자유 교회들의 "총회 협의회"에 71개 교회가 참여했고, 이 숫자는 약 200개로 증가했습니다. 이 협의회에서 기독개혁교회와 관계를 맺거나 심지어 연합에 들어가는 문제가 일찍부터 논의되었습니다.

4. 분리 측과 애통 측의 갈등과 통합

1) 분리 측과 애통 측 사이의 갈등

분리 측 기독개혁교회의 구성원들은 애통 측 개혁교회의 행동을 매우 다른 방식으로 평가했습니다. 일부는 열정적으로 그리고 사그라지지 않는 우정으로 애통 측을 맞이했으며, 다른 사람들은 애통 측의 많은 점이 마음에 들지 않는다는 것을 숨기지 않았습니다. 또 다른 그룹은 모든 차이점에도 불구하고 연합은 필요한데, 이는 하나님의 말씀이 명하는 것이라고 믿었습니다.

1887년 말과 1888년 초에 양측 교회 내에 영향력 있는 인물들 사이에서 반(半)공식적으로 협상이 진행되었습니다. 또한, 1887년 6월에는 위트레흐트에서 열린 애통 측 개혁교회의 총회에서 그리고 1888년 8월에는 아센(Assen)에서 열린 기독개혁교회의 총회에서 협상이 있었지만, 심각한 차이점들이 존재한다는 사실이 곧장 명백해졌습니다. 이 차이점 중 중요한 것은 세 가지입니다.

2) 첫째 차이점의 해결

첫째 차이점은 1869년에 기독개혁교회가 정부에 제출한 규칙 강령과 정부가 인정한 이 강령의 근거에 관한 것이었습니다. 애통 측 교회들은 규범과 총회 조직체에 대한 많은 경험이 있었는데 그들은 이 강령에 대하여 강하게 반대했으며, 그것을 공동체적 오용으로 간주했고 이 강령의 폐지를 연합의 필수 조건(*conditio sine qua non*)으로 삼았습니다.

그럼에도 불구하고 기독개혁교회 내에서 많은 사람이 이러한 애통 측 교회들이 가진 양심의 가책을 타당한 반대 근거로 인정하지 않으려 했으며, 그렇다고 하여 교회의 존재와 성장을 위해 필요한 것으로서 그 강령을 옹호한 사람도 없었습니다.

이 강령이 아무런 해를 끼치지 않고 폐기될 수 있다는 점, 교리와 교회 규율이 연합의 토대를 위해 필요한 모든 것이라는 점, 정부는 이전과는 사뭇 다르게 교리와 교회 규율에만 근거하여 기독개혁교회를 인정하고 그들의 소유권을 보증하는 일에 망설일 필요가 없다는 점이 점점 더 용인되기 시작했습니다. 결국, 1891년 레이우발던(Leeuwarden) 총회는 이 강령을 만장일치로 폐지하기로 그리하여 연합을 위한 장애물을 제거하기로 했습니다.

3) 개혁의 방향성의 차이

둘째 차이점은 개혁의 문제와 관련되는 것으로서 더욱 심각한 특징을 가집니다. 어떤 당회들과 회중은 일찍이 국가교회로부터 물러났습니다. 그러나 1834년에 일어난 일반적인 분리 운동 이후에, 이들은 더욱 고립되었습니다. 기독개혁교회는 네덜란드 국가교회에 저항하여 독립적인 교회로 점차 성장했으며, 고정된 조직에 의해 국가교회로부터 단절되었습니다.

그러나 애통 측 교회들은 처음에는 그러한 위치를 점유할 수 없었고, 그들 자신을 독립적이라고 느낄 수도 없었습니다. 오히려 모든 것이 여전히 유동적이고 진행 중이었습니다. 여전히 당회의 지도 아래 크고 작은 공동체가 네덜란드 국가교회로부터 이따금 분리되었습니다. 그들은 여전히 모든 교회가 아니면 적어도 더 많은 수의 지역 교회가 국가로부터 자유롭게 되기를 희망했습니다.

애통 측은 네덜란드 국가교회로부터 자신을 완전히 단절시키고 자신들만의 조직을 세우려 하지 않았습니다. 오히려 그들 자신이 교회 자체에 반대하여 있는 것이 아니라 교회에 강요된 재조직화에 반대하여 서 있는 것으로 간주했습니다. 또한, 애통 측에 속한 일부 사람들은 법원의 판결에 의해 교회 수입의 소유권을 다시 얻기를 희망했습니다.

애통 측은 자신들이 분리되었다고 말하기보다는 단지 "애통"할 뿐이라고 했는데, 이는 회중은 이전과 정확하게 동일하면서도 총회의 멍에를 벗어던졌고 교회 규율의 옛 체계로 돌아갔으며, 그렇지만 한동안 그들의 진정한 지위에 있어서 외면당함으로 인하여 애통하는 것이었습니다.

이런 감정은 어떤 경우에는 매우 강해서 애통 측은 단지 생기 없는 교회만을 세웠고, 지역 네덜란드 개혁파 공동체의 모든 구성원을 교회의 회원으로 부르기를 고집했으며 가난한 교인들에게 도움을 베풀었습니다.

4) 네덜란드 개혁교회의 설립

그러나 시간이 경험을 낳았습니다. 점차로 그런 모든 이상(理想)들은 사라졌습니다. "애통" 행위는 전성기를 지났습니다. 어디든지 총회 조직 아래 남아 있었던 사람들은 그들에게 할당된 교회에서 제공하는 소득을 받았습니다. 모든 교회가 정부로부터 자유롭게 되는 희망은 좌절되었습니다.

네덜란드 국가교회 안에 남아 있는 사람들과 애통 운동과 함께 옆으로 밀린 사람들 사이의 분리는 더욱 분명해졌습니다. 이런 차이점은 분명히 실천적인 것보다는 신학적인 차이점이었습니다. 그러나 그러한 신학적인 차이점은 중요성에서 매일 감소했습니다.

그리하여 1892년 초에 분리 측과 애통 측 두 교회는 교리와 교회 규율 체계에 기초하여 연합했습니다. 개혁의 문제는 미결로 남았습니다. 그들 사이의 차이점은 실로 과거의 것이 되었습니다. 기독개혁교회 회중은 그들 자신의 집단적인 규범을 포기했습니다. 애통 측 교회들은 그들 자신을 실로 정부로부터 분리된 것으로 인식했습니다. 그들은 함께 1892년부터 네덜란드개혁교회(Gereformeerde Kerken in Nederland, GKN)라는 이름으로 출발했습니다. 700교회, 35만 성도 그리고 550명의 목회자가 여기에 포함되었습니다.

5) 신학교의 차이

셋째 차이점은 사역을 위한 학생들의 신학 교육과 관련된 것이었습니다. 기독개혁교회는 1854년 캄펀에 신학교를 세웠고 큰 복을 누렸습니다. 이 신학교와 연결되어 다섯 명의 교사와 60명의 학생으로 이루어진 독립 기관으로 5년간의 학제를 가진 김나지움(gymnasium)[17]이 있었습니다.

신학교는 4년제로 되었는데 1년은 준비 과정으로 마련되었고 3년은 신학 과정이었습니다. 이곳에는 5명의 교수와 2명의 강사 그리고 68명의 학생이 있었습니다. 두 학교는 교회가 설립했고 후원했으며 교회가 임명한 책임자의 감독하에 있었습니다.

그러나 애통 측 교회들은 1887년부터 자유대학교(the Free University)와 관련이 있었습니다. 이 대학은 네덜란드 국가교회에 속한 개인들이 1880년에 창립했는데, 교회적 특징을 전혀 가지지 않았습니다. 그러나 이 대학은 "개혁파 원리들"의 기초 위에 서 있었습니다.

---

17 대학 입학을 위한 중고등과정의 학교를 말한다.

대학 자체로만 보면 애통 측과 연결되어야 할 아무런 이유가 없었지만, 이 대학의 교수들이 애통 측의 리더들이었습니다. 그러나 자유대학에서 배출한 신학생들은 청빙을 받을 수 없었습니다. 그리고 애통 측 교회들은 목회자들이 필요한 상황이었습니다. 이렇게 되어 자유대학교와 애통 측 교회 사이에 관계가 형성되었습니다. 1891년에 대학과 교회 사이에 느슨한 관계가 만들어졌고, 또한 교회의 이름으로 대표자들이 지명되었는데 이들은 대학의 가르침이 개혁파적인지 아닌지를 감독해야 했습니다.

6) 신학교 통합의 실패

1892년에 분리 측과 애통 측 사이에 연합이 일어났을 때, 자유대학교와 애통 측 교회 사이의 연결은 유지되었습니다. 그리고 캄펀신학교는 분리 측과 애통 측의 모든 교회로부터 그들 자신의 신학 기관으로 인정받았습니다. 그러나 캄펀신학교가 다른 기관과 통합되어야 하는지에 대한 질문을 해결하는 일은 나중으로 미뤄졌습니다.

1893년 도르트에서 그리고 1896년 미덜뷔얼흐(Middelburgh)에서 열린 총회는 두 대학을 통합시키는 시도를 했지만, 결과를 내지 못했습니다. 나중에 이 질문은 다시 부상했지만 1899년 8월 흐로닝언에서 열린 총회는 현상 유지(*status quo*)를 지켰습니다.

두 대학 간의 통합은 불가능한 것으로 보였습니다. 그러나 분리는 분명히 바람직하지 못합니다. 두 대학은 각기 다른 진영을 대표하고 그들 사이의 차이점을 영구적인 것으로 만들고, 분리 측과 애통 측의 역사적 전통을 지속해서 다르게 이어 갑니다. 그러므로 두 개의 대학은 교회의 연합과 성장에 이점이 되지 않습니다.

3년마다 열리는 여러 번의 총회에서 이들 대학을 통합하기 위해 지속해서 시도했으나 결과를 내지 못했습니다. 각 대학은 여전히 각기 다른 진영을 대표합니다. 그리고 분리 측과 애통 측의 역사적인 전통을 살아 있게 합니다. 비록 양 진영 사이의 반목은 점점 더 줄어들고 있지만 말입니다. 특별히 캄펀신학교의 두 교수를 암스테르담자유대학교 교수로 임명하고, 암스테르담자유대학교의 제자를 캄펀신학교의 교의학 교수로 임명한 이후로 그러합니다. 그래서 이들 두 대학의 통합은 나중에 성취되기를 희망해 볼 수 있습니다. 특별히 교회로서는 두 대학 모두를 지원하기에는 재정적인 부담이 매우 큰 실정입니다.

7) 국가교회의 상태

비록 이들 개혁교회는 많은 수의 지지자를 가지고 부인할 수 없는 영향력을 발휘하지만, 스스로 과대평가하지 않도록 유의해야 합니다. 1910년 현재 네덜란드 인구는 550만을 웃돕니다. 옛 네덜란드 국가교회에 속한 사람은 220만 명입니다. 국가교회는 여전히 많은 사람에 의해 매우 열렬하게 지지받습니다.

국가교회는 애통 운동 때문에 큰 어려움을 겪지 않았으며 오히려 애통 운동은 국가교회가 이전보다 더 활발하게 활동하도록 자극했습니다. 그러나 국가교회는 자체적으로 많이 분열되었습니다. 그러므로 지지자가 많으므로 마땅히 발휘해야 할 만큼 사람들에게 큰 영향을 발휘하지 못합니다.

적어도 네 진영이 지역 회중 가운데 그리고 각기 다른 교회 회의 위원회 가운데 우위를 차지하기 위해 싸우고 있습니다. 그들은 정치와 규범에 관한 중요하지 않은 문제뿐만 아니라 교리와 신앙의 주요 문제들 가운데서도 서로 생각이 다릅니다.

성경의 권위에 있어서, 그리스도의 인격과 사역에 있어서, 성령의 인격성과 영향력에 있어서, 죄와 은혜에 있어서 그리고 기독교의 전체 개념에 있어서 매우 폭넓은 견해 차이가 존재합니다. 네덜란드 국가교회는 스스로 분열된 왕국이며 단지 재정과 법적인 결합 때문에 큰 단체로서 존재하고 있을 뿐입니다.

5. 타 종교의 교세와 세속화 속의 희망

1) 타 종교의 상태와 정부의 재정 지원

네덜란드 국가교회에 뒤이어 로마가톨릭은 160만이 넘는 구성원을 가지고 있습니다. 내적 성장, 영향력과 활동 면에서 로마가톨릭의 다양한 진전에도 불구하고, 개신교와 동일한 정도로 구성원이 증가하고 있지는 않습니다.

최근의 통계에 따르면, 로마가톨릭은 예전처럼 더 이상 인구의 오 분의 이가 아니라 삼 분의 일 정도를 차지하고 있습니다. 더 나아가 네덜란드에는 10만 명의 유대교인, 6만 5천 명의 루터파, 2만 명의 분리 측 루터교회 교인, 1만 5천 명의 알미니우스파, 5만 3천 명의 메노파[18] 등이 있습니다. 심지어 유대인을 포함하여 이 모든 단체는 정부로부터 재정적 지원을 받습니다. 다만 그 지원은 상당히 불균등합니다.

매년 모든 교회에 지원되는 총금액은 이백만 길더를 상회합니다. 오직 개혁교회들 그리고 어빙파(Irvingites)[19], 모라비안파(Moravians) 등처럼 몇몇

---

[18] 16세기에 재세례파라 불리던 무리의 지도자 메노 시몬스의 추종자들을 일컫는 표현. 그들은 신약을 엄격하게 고수하면서 개인과 공동체의 경건을 장려한다. 일반적으로 메노나이트들은 평화주의자다. 다음을 참조하라. 스탠리 J. 그렌츠 외 2인, 『신학 용어 사전』, 34.

[19] 어빙파는 스코틀랜드 목사 에드워드 어빙(Edward Irving, 1792-1834)의 가르침에 따라 모여든 사람들로서 보편 사도 교회(Catholic Apostolic Church) 또는 어빙파 교회(Irvingian Church)를 이루었다.

매우 작은 단체들만 재정적 지원을 받지 않고 있습니다.

교회와 정부 사이에 이러한 재정적 결속이 법적 방식으로 단절되어야 한다는 강한 요구가 지속되고 있으며 또한 이전 시대로부터 교회에 내려온 이런 지원을 받을 권리에 대한 정당한 관심도 존재합니다. 그러나 재정 단절의 요구는 많은 공감을 얻지 못합니다. 추후 수년 내에 그런 재정적 분리가 일어날 가능성은 크지 않습니다. 그리고 프랑스의 경우처럼 급진적 진영이 힘을 얻어 폭력적이고 부당한 방식으로 그런 재정적 결속을 끊어버리지는 않을지 때때로 두려움이 마음을 사로잡습니다.

2) 세속화 속에서 가지는 희망

어디서든지 마찬가지로, 옛 기독교 신앙으로부터의 배교가 네덜란드 내에서 급속하게 성장 중입니다. 때때로 어떤 반응, 즉 부정(否定)의 길로 나아가는 것에 두려움이 있는 것처럼 보이지만 대체로 시대의 흐름은 그리스도와 그분의 십자가로부터 멀어져 가고 있습니다.

사람을 숭배하고, 천재성을 추앙하며, 물질을 숭배하고, 절대 번영을 자랑하며, 과거와 미래 속에서 진화론을 고수하는 것이 우리 시대의 특징입니다. 문명화된 세상 가운데서의 이러한 배교에 대항하여 약간의 위안이 되는 것은 이방 세계 안에서 선교 사역이 전진하고 있는 것입니다.

하지만 문명화된 세상 속에서는 기독교를 등지고 심지어 불교, 마호멧교, 영성주의 그리고 신지학에 집착하는 사람들이 수백만 명인 데 비하여, 선교지에서는 실제로 기독교로 개종하는 사람들이 수백 명에 불과합니다.

그렇다 할지라도 우리는 신실한 마음을 가집니다. 지옥의 맹렬함에도 불구하고 교회를 지탱하시는 분은 사람이 아니라 그리스도십니다. 그리스도는 이 세대 안에서도 왕이시고, 자신의 모든 원수를 발아래 둘 때까지 왕으로서 영원히 다스리실 것입니다.

===== 부록 1 =====

헤르만 바빙크에 대하여[1]

헨리 엘리아스 도스커(Henry Elias Dosker, 1855-1926)
전 Louisville Presbyterian Theological Seminary 역사신학 교수

1. 칼빈주의 지도자들의 별세

근래에 칼빈주의의 위대한 지도자들이 비교적 짧은 기간 내에 모두 별세했습니다. 엄격한 스코틀랜드인 고(故) 제임스 오르(James Orr, 1844-1913) 박사는 성경을 지키는 일에 강력한 영향을 미쳤습니다.

고(故) 카이퍼 박사는 사람 중에 탁월한 지도자이고 일류 천재이며 전 세계적으로 인정받았지만 믿음에서는 어린아이처럼 단순했습니다.

우리의 특출한 지도자 고(故) B. B. 워필드(Benjamin Breckinridge Warfield, 1851-1921) 박사는 교사로서 비교할 데 없고, 학자와 저자로서 지칠 줄 모르고, 견고한 믿음 안에서 일관되었고, 미국 칼빈주의의 모든 지도자 중에 최상급 인물이었습니다.

그리고 마지막으로 그러나 마찬가지로 중요한 사람으로서 암스테르담에서 1921년 8월 2일에 장사된 고(故) 헤르만 바빙크(Herman Bavinck, 1854-

---

[1] 번역 원고로 사용한 영문의 서지 사항은 다음과 같다. "Herman Bavinck", *The Princeton Theological Review*, 20 (1922): 448-464. 소제목과 각주 전체는 편역자가 붙인 것임.

1921) 박사의 경우 깊이 있는 연구, 지칠 줄 모르는 근면, 광활한 지평, 광범위한 관심 그리고 마음을 움직이는 웅변이 그를 네덜란드 개혁교회의 자랑이자 전 세계적 칼빈주의의 지도자로 만들었습니다.

2. 비교의 어려움

이 모든 위대한 학자와 지도자 중에서 바빙크의 학문성은 아마도 가장 폭넓고 기술적으로 가장 완벽했습니다. 그러나 적어도 이 정도의 시간 내에서 카이퍼와 바빙크 또는 바빙크와 워필드 사이에서 어떤 적절한 또는 신뢰할 만한 비교를 제시하는 일은 불가능합니다. 관점의 법칙이 그것을 금합니다.

각자는 그 자신만의 독특하게 탁월한 관점과 그 자신만의 독특한 한계를 가지고 있었습니다. 그들 중 아무도 다른 사람의 자리를 점유할 수는 없었습니다. 카이퍼가 잘 작성된 신학 대작을 남겼다면 우리는 아마도 우리의 판단 근거에 더 나은 확신을 가졌을지도 모릅니다. 카이퍼는 신학 대작을 염두에 두었지만, 그 과업은 결코 성취되지 못했습니다. 워필드 박사의 경우도 동일합니다. 그러므로 비교할 만한 실제적인 자료는 부족한 형편입니다.

카이퍼와 바빙크는 네덜란드 내에서 신칼빈주의적 시기 내에 있었습니다. 루터와 멜란히톤(Philipp Melanchthon, 1497-1560)이 독일 종교개혁 기간에 있었던 것처럼 말입니다. 각자는 서로의 부족한 점을 채워주었습니다. 그리고 양자 모두는 그들과 우리 사이를 가르는 거리가 증가하는 만큼 더 많은 광채로 빛날 것입니다.

3. 개인적 친분

헤르만 바빙크는 나의 일생의 친구였습니다. 그리고 이 짧은 개요는 그를 기억하기 위한 한 친구의 찬사가 될 수 있다는 생각으로 쓴 것입니다. 우리는 즈볼러(Zwolle)에 있는 김나지움에서 함께 공부했습니다. 그리고 1873년 이후로 헤어졌습니다. 그러나 우정의 끈은 끊어지지 않고 남았는데 거의 50년 동안, 실상 거의 그가 죽는 시간까지 우리는 대서양을 가로질러 연락하고 방문하면서 우리의 우정을 심화했습니다.

이에 더하여 나는 그의 저작들을 꾸준하게 읽었고 기쁘게 그를 나의 친구이자 개인 교사로 받아들였습니다. 나는 실로 위대한 한 사람의 일생을 기록하는 임무에 나 자신을 정립하면서, 그의 삶을 몇 글자 새겨 넣고 나서 신학자로서 그의 특징, 그의 인격, 일하는 방법 그리고 다양한 관심사를 분석하는 것이 최상이라고 생각했습니다.

4. 바빙크의 부모

이생에서 혼자 사는 사람은 아무도 없습니다. 우리의 혈관 안에는 이전 세대가 우리에게 남겨 준 수많은 신체적 및 지적 특징이 들끓으며 투쟁하고 있습니다. 나는 그의 혈통에서 볼 때 어떤 점에서는 바빙크 박사가 수수께끼와 같은 사람임을 즉각 인정할 것입니다. 바빙크는 자신의 부모와 많이 닮았지만, 전혀 부모와 같지 않은 점도 있습니다.

바빙크의 아버지 얀 바빙크(Jan Bavinck, 1826-1909) 목사는 1826년에 네덜란드에 가까운 독일 하노버(Hanover)의 벤트하임(Bentheim)에서 태어났습니다.² 바빙크의 모친은 드렌터(Drenthe) 주의 프리저페인(Vrieseveen) 출신의 헤지나 막달레나 홀란트(Gesina Magdalena Holland, 1827-1900)였습니다.

아버지 바빙크는 1834년 국가교회로부터 분리된 네덜란드 자유교회의 창립자 혹은 그 후예 중 한 명이었습니다. 신학 교육을 받도록 벤트하임에 있는 소수의 박해받고 쫓기는 사람들로부터 네덜란드로 보냄을 받은 얀 바빙크는 분명히 출중한 학생이었으며, 호허페인(Hoogeveen)의 작은 신학교를 다니면서 라틴어, 그리스어, 히브리어 수업을 들었던 까닭에 상당한 초기 이점을 누렸음이 틀림없습니다.

얀 바빙크는 상당한 실력의 라틴어 전문가였음이 분명한데 바빙크 박사가 수년 후에 『순수 신학 개요』(*Synopsis Purioris*, 1880)의 최종판을 얀 바빙크에게 헌정했을 때, 아들은 그의 아버지가 "많은 수정을 가했다"라고 밝혔기 때문입니다.

바빙크가 어디를 가든지 아버지 바빙크는 항상 교사로 존재했습니다. 얀 바빙크는 가르치기를 매우 좋아했고 가장 만족스러운 교사로 인정받았습니다. 얀 바빙크가 호허페인에 갔을 때 그는 자신이 졸업한 작은 신학교 교장 W. A. 콕(W. A. Kok) 목사를 보조 강사로 도왔습니다. 그리고 1854년에 자유교회의 교육적 이해관계가 통일되고 보다 그럴듯한 기관이 설립되었을 때 아버지 바빙크는 처음으로 총회에 의해 교수 중 한 명으로 지명되었습니다.

그의 타고난 겸손, 자신의 능력에 대한 과소평가, 길에 사자들이 있다고 보는 비관적인 시각이 그의 걸출한 아들 또한 공유했던 것일까요?

---

2   얀 바빙크에 대한 좀 더 확장된 소개는 다음의 자료들을 참조하라. 론 글리슨, 『헤르만 바빙크 평전』, 윤석인 역 (서울: 부흥과개혁사, 2014), 16-42. 폴 얀 뷔셔, 『복음을 향한 열정, 세계를 향한 열정』, 조호영 역 (서울: 나눔과섬김, 2015), 23-33. 제임스 에글린턴, 『바빙크』, 68-113.

누가 그것을 말할 수 있을까요?

얀 바빙크는 숙명에 이 문제를 맡기고 교수로의 부르심을 거절했습니다.

나는 바빙크 박사의 부모를 모두 잘 알았습니다. 그들은 평범한 환경 속에 살았고 초기 분리 측 교회의 청교도적이고 때때로 투박한 사상과 이상(理想)을 소중히 여겼습니다. 생활 양식은 단순하고 꽤 검소했으며, 독일인들이 문명적대감(Kulturfeindlichkeit)이라고 부르는 것을 보일 정도였으며,[3] 마음속에서부터 경건이 배어 있었고, 자녀들을 훈계보다는 본보기로 가르쳤습니다.

어머니는 사상적으로 비상하게 선명한 통찰력을 소유했고 그것들을 표현하기를 주저하지 않았습니다. 반면 아버지는 내성적이고, 잘 격동하지 않지만 흔치 않은 능력을 발휘하는 사람이었습니다. 이런 사람들이 헤르만 바빙크 박사의 부모님이었습니다.

설교단은 아버지 바빙크의 왕좌였고, 그곳에서 그는 내가 듣기로 "건강한 신비주의"(healthy mysticism)라고 그의 아들이 묘사한 것을 보여 주었습니다. 아버지 바빙크는 하나님의 교회인 시온에 대하여 어떻게 "평안하게 말하는지"를 알았습니다. 정서와 마음과 지성의 많은 자질을 출중한 아

---

3   에글린턴은 헤프의 견해(Valentijn Hepp, *Dr. Herman Bavinck* [Amsterdam: Ten Have, 1921], 14)에 반박하면서 바빙크의 부모들이 문화적 변화 속에서 상당한 적응력을 보인 것으로 평가한다. "헤프가 쓴 전기의 영향 때문에 얀과 헤지나 바빙크는 종종 딴 세상의, 반(反)문화적(*Kulturfeindlich*), 그리고 어느 정도는 반(反)현대적 사람들로 여겨졌다. … 헤프는 고전적 근대성에서 후기 근대성으로의 급격한 문화적 이동을 다루는 가운데 얀과 헤지나가 새로운 자유민주주의적 사회 토양에서 외국인이었고 이 익숙하지 않은 맥락에서 자신의 자녀들을 키우려는 선택을 했다는 사실을 간과했다." 제임스 에글린턴, 『바빙크』, 112. 편역자가 평가해 볼 때 본고에서 도스커는 자신의 입장에서 관찰한 바빙크 부모의 생활양식의 검소함에 초점을 두고 있다면(도스커가 바빙크의 부모를 잘 알았다고 한 점을 고려하라), 에글린턴은 점진적인 문화적 적응력에 초점을 둠으로써 도스커와 에글린턴은 관점의 차이에서 '문명적대감'을 논하고 있는지도 모른다.

들이 그의 부모로부터 물려받았습니다. 그러나 내가 말한 대로 바빙크 박사는 많은 점에서 부모님과 달랐습니다.

5. 라이던에 들어간 바빙크

바빙크는 상당한 명성을 가진 사립학교인 하설만(Hasselman)학교에서 초기 교육을 받았습니다. 1870년에 나와 나의 형과 함께 바빙크는 즈볼러의 김나지움에 들어갔는데 회심한 유대인이자 유명한 그리스어 학자인 E. 멜러(E. Mehler) 박사가 교장이었습니다. 바빙크는 이곳을 졸업한 후에 캄펀신학교에서 1년간 수학했고, 저항할 수 없는 충동에 순응하여 많은 사람의 격렬한 반대에도 불구하고 정규 대학 과정에서 공부하고자 했습니다.

이것은 대담한 움직임이었습니다. 많은 곳 중에서도 그는 라이던(Leiden)대학에 들어갔습니다. 그곳에는 19세기 고등 비평의 가장 영향력 있는 인물 중 한 사람인 유명한 쿠에넌(Abraham Kuenen, 1828-1891) 박사가 당시 대표적인 교수였습니다.

스홀턴(Johannes Henricus Scholten, 1811-1885) 박사도 여전히 그곳에 있었는데, 그는 이성, 결정론, 일원론을 주요 기둥으로 하는 개혁 신학의 새로운 체계의 창시자였습니다. 그러나 스홀턴은 전성기를 지났고 예전처럼 학생들의 마음을 움직이지 못하는 말하자면 저물어 가는 해였습니다.

그 밖에 분리 측의 대적인 프린스(Johannes Jacobus Prins, 1814-1898), 현대주의의 아버지 중 한 명인 라우번호프(Lodewijk Willem Ernst Rauwenhoff, 1828-1889), 티엘러(Cornelis Petrus Tiele, 1830-1902)와 올트(Henricus Oort, 1836-1927), 더 후여(Michael Jan de Goeje, 1836-1906)와 더 프리스(Matthias de Vries, 1820-1892), 라틴어 학자 플라우헐스(Willem George Pluygers, 1812-1880)

와 감탄할 만한 그리스어 학자 코벳(Carel Gabriel Cobet, 1813-1889)이 있었습니다.

6. 라이던에서의 성취

분리 측 교회의 아들에게 있어서 이 얼마나 힘든 환경이었는지요!
바빙크는 개혁파 교리의 단순한 옛 신앙 안에 전적으로 기초하고 있었으니 말입니다!
그러나 바빙크는 진리를 찾아 나섰고 하나님의 지혜로운 계획 안에서 일생의 과업을 위해 자신에게 잘 맞는 바로 그 환경 속에서 훈련받게 되었습니다.
하지만 바빙크는 라이던에서 많은 쓰라린 분투를 경험했습니다. 쿠에넌은 특별히 "황금의 마음"을 가진 사람으로 교수 중에서 바빙크의 우상이었습니다. 나는 이 시기에 쓴 바빙크의 편지들을 기억합니다. 그 편지에는 진지한 의심, 질문, 투쟁이 묘사되어 있었습니다. 그러나 이 모든 투쟁은 단지 바빙크의 믿음을 시험하고 정화했을 뿐입니다.
교수들로부터 사랑받았던 바빙크는 1880년 6월 10일 츠빙글리의 윤리학에 대한 논문을 쓴 후에 신학 박사 학위를 취득하면서 라이던대학교를 떠났습니다. 이 논문의 철저한 공정성과 객관성은 바빙크의 이후 인생의 많은 것을 설명해 줍니다. 타협하지 않는 반(反)초자연주의가 아니라 과학적 방법의 측면에서 볼 때, 접근 방법이나 주제를 다루는 측면 모두에서 쿠에넌의 잠재적 영향력은 바빙크의 후기 저작 중에는 자신의 박사 논문에서처럼 그렇게 분명하게 드러나지 않습니다.

7. 절친 스눅 헐흐론여

바빙크가 라이던에서 얻은 것 중 가장 값진 것은 동료 학생이었던 스눅 헐흐론여(Christiaan Snouck Hurgronje, 1857-1936)와의 평생에 걸친 교제였습니다. 헐흐론여는 나중에 특출한 셈어 학자가 되었고, 더 후여를 이어 1906년에 라이던대학에서 아랍어 교수가 되었습니다. 그는 변장한 채 메카의 성지에 침투하는 데 성공하여 살아 돌아온 소수의 그리스도인 중 한 사람으로 널리 알려져 있습니다. 바빙크와 헐흐론여는 서로 상보적이었고, 학창 기간 내내 다윗과 요나단 같았으며 그들 사이의 교제를 이루는 끈은 오직 바빙크의 근래의 죽음에 의해 끊어지게 되었습니다.

8. 목사 바빙크

바빙크 박사는 캄펀으로 돌아온 후 캄펀신학교 관계자들로부터 조사를 받기 위해 즉각 출두했습니다. 이는 그가 라이던대학에서 받은 훈련 때문에 자연스럽게 초래된 일이었는데 보통의 경우보다 더욱 신중하게 조사가 이루어졌지만 가장 큰 칭송을 받으면서 이 조사를 통과했습니다. 바빙크는 어디를 가든지 1834년의 분리 측 교회의 충성스러운 아들로 죽을 때까지 남았습니다.

바빙크는 2년간의 짧은 기간 동안 프라너컬교회의 목사가 되었는데,[4] 이는 그의 생애 있어서 뚜렷한 기억으로 남았습니다. 바빙크는 새로 설립된 암스테르담자유대학교의 초빙을 두 번 연속 거절했는데 이는 그가 미움받는 "분리 측 신자"들과 자신을 완전히 동일시하기로 결정한 까닭입니다.

---

[4] 바빙크는 1881년 3월부터 1882년 10월까지 봉직했다.

프라너컬에서 2년간 보낸 시간은 황금기였습니다. 바빙크는 그곳에서 설교의 기술을 완전히 습득했고 일반 신자들의 관점을 이해하는 것과 목회의 실천적 측면을 인식하는 법을 배웠습니다. 교회는 항상 문전성시를 이루었는데 이는 사람들이 먼 곳에서도 바빙크의 설교를 듣기 위해 찾아왔기 때문입니다. 바빙크가 실로 위엄 있는 설교자라는 점이 그리 놀랄만한 것은 아닙니다. 하나님의 거룩한 말씀에 대한 감탄할 만한 분석의 깊이와 가장 심오한 경외를 가지고 바빙크는 보기 드문 단순함과 그 자신에게서 나오는 숨 막히는 호소력으로 설교했습니다.

9. 캄펀신학교 교수 부임

1882년에 총회는 바빙크 박사를 캄펀신학교의 공석이었던 교의학 교수직에 초빙했습니다. 바빙크는 그 초빙을 받아들였고 1883년 1월 10일에 직무를 시작했습니다. 취임 연설 제목은 〈거룩한 신학의 학문〉(The Science of Scared Theology)[5]이었는데 이는 신학의 원리, 내용, 목적을 정의하는 것이었습니다. 사람들은 이 연설을 숨죽인 채 경청했습니다.

이 연설은 신학교와 교회의 역사 안에 새로운 의미를 불어넣었습니다. 이 연설은 새 시대의 여명을 알렸습니다. 그리고 모든 눈이 떠오르는 인물로 바빙크를 주목했습니다. 카이퍼 박사는 1883년 1월 21일자 「전령」(De Heraut)지에서 이렇게 말했습니다.

---

5   이 연설문의 한글판은 다음을 참조하라. 헤르만 바빙크, 『교회를 위한 신학』, 박태현 편역 (서울: 다함, 2021), 14-99.

바빙크 박사의 연설은 진정한 학문적 개혁 신학을 보여 주고 있습니다. 그의 연설에서 첫 번째 원리가 다시 정확하게 제시되었습니다. 또한, 그의 연설에서 탁월한 발전으로 나아가도록 이끄는 하나의 다리가 제시되었습니다. … 나는 이 취임 강연문처럼 시종일관 분산되지 않는 그런 집중력을 가지고 어떤 논설을 읽어 본 적이 거의 없습니다.

이 위대한 지도자는 과장하지도 않았으며 미래를 오판하지도 않았습니다. 왜냐하면, 이후 20년 동안 바빙크 박사는 캄펀신학교의 중심인물이었기 때문입니다. 쿠에넌은 한때 라이던에 대해 이렇게 말한 적이 있습니다.

라이던은 스홀턴이다.

마찬가지로 이 20년 동안 "바빙크는 캄펀이었습니다."
고동치는 심장, 저항할 수 없는 역동성은 교육의 전면(全面)을 평범하고 급진적인 실용주의적 영역으로부터 과학적 이상주의의 학문적 영역으로 들어 올렸습니다. 모든 강사가 이런 영향을 감지했으며, 나중에 캄펀신학교에 들어온 모든 사람은 가능한 한 많이 이 새로운 형식을 모델로 삼았습니다. 캄펀신학교 전체가 이 아틀라스의 어깨 위에 들어 올려졌습니다. 오늘날 캄펀은 하나님의 섭리 아래에서 바빙크의 존재와 영향력에 빚지고 있는 셈입니다.

10. 연구와 사역에 집중함

바빙크는 자연스럽게 학생들의 영웅이 되었습니다. 내가 글을 쓰는 지금 내 앞에는 인용하기에는 너무 긴 증언들의 다발이 놓여 있습니다. 이는 교사로서 보기 드문 바빙크의 능력과 감화력 있는 힘에 대한 것인데, 모두 이 영광스러운 시기에 바빙크 아래에서 배운 학생들이 쓴 것들입니다.

바빙크는 캄펀에서 사역을 시작했을 때 겨우 35세였습니다. 그러나 그는 젊은 어깨 위에 성숙한 두뇌를 가지고 있었습니다. 바빙크는 경이로울 정도로 깊고 넓게 독서했습니다. 이는 그가 출간한 모든 저서가 증명하는 바와 같습니다. 캄펀에서 유익한 기간에 바빙크는 그의 4권으로 된 주저 『개혁교의학』(*Reformed Dogmatics*)[6]의 초판을 저술하고 출간했습니다. 이 저서는 나중에 암스테르담에서 사역하는 기간에 확장되고 재판되었습니다.

그의 삶은 군더더기 없었습니다. 직무의 과중함 아래에서 비틀거리는 가운데서도 다양한 주제에 대한 책자들을 꾸준히 저술했습니다. 사람들은 그가 마침내 직무의 과중함에 눌려 버린 것보다는 오히려 그렇게 오래 버틴 것에 대해 놀라워합니다.

11. 좁은 굴레에서 벗어난 바빙크

바빙크가 받은 대학 교육은 성도들뿐만 아니라 교회의 거의 모든 사역을 가두고 있는 좁은 굴레에서 그를 끌어냈습니다. 분리 측 성도들의 세계관(Weltanschauung)은 실제로 옛 네덜란드 재세례주의자들의 것이었는데, 그들은 그들의 힘을 문화적, 사회적 그리고 철학적 측면 속에서 세상과 분리함 가운데 추구했습니다.

---

[6] 한글판 서지 사항은 다음과 같다. 헤르만 바빙크, 『개혁교의학』 전 4권, 박태현 역 (서울: 부흥과개혁사, 2011).

바빙크 박사는 그들 중에서 흰 까마귀 같은 독특한 존재였습니다. 바빙크는 다르게 옷 입었고, 다르게 말했으며, 다르게 가르쳤습니다. 그는 동떨어진 사람이었습니다. 그리고 바로 그 점이 학생들을 끌어들였고, 그가 사랑했던 교회의 문화적 진보에 있어서 그를 상당한 힘을 가진 요인으로 만들었으며, 바빙크는 이를 위해 차후 20년 동안 매우 열심히 일했습니다.

12. 바빙크의 설교

바빙크는 어린아이의 심장을 가진 사람으로서 철저하게 훈련된 마음을 가졌습니다. 한쪽에는 하나님의 거룩하심을 다른 쪽에는 사람의 죄를 두었습니다. 그리고 이 둘 사이에 영원한 십자가의 신비를 두었습니다. 그의 모든 가르침은, 그의 모든 설교는, 그의 모든 저술은 그리스도 안에 드러난 대로 하나님의 은혜의 풍성함으로 가득 찼습니다.

그의 제자 중 한 사람은 이렇게 말합니다.

> 바빙크 교수님은 결코 그리스도가 영화롭게 되지 않는 그런 설교는 하지 않으십니다.

바빙크는 설교자로서 학생들을 위해 형식과 본질에 있어서 일정한 유형을 유지했습니다. 분리 측 교회의 주목할 만한 설교자 중 한 명이자 가장 특출한 사람 중 한 명인 히스펀(Willem Hendrik Gispen, 1833-1909) 박사는 바빙크 박사의 설교에 대해 이렇게 말했습니다.

바빙크의 설교에서 형언할 수 없을 정도로 마음을 사로잡고 매료시키는 것은 단순성, 명료성, 개념의 분명한 정의 그리고 추론의 논리적 전개입니다. … 다루는 주제에 있어서 근본적인 측면과 내용에 대한 철저한 이해는 바빙크로 하여금 다른 사람들에게 매우 쉽고 명료하게 말할 수 있도록 해 줍니다.

13. 바빙크의 결혼과 성숙

바빙크는 캄펀에서 교의학, 윤리학, 철학의 역사, 백과사전, 심리학, 수사학, 논리학 그리고 미학을 가르쳤습니다. 신학교의 인력 부족 상황은 이와 같은 업무의 다중성과 교수 주제의 다양성에 원인이 되었습니다.

사람들은 바빙크가 이러한 시기에 어떻게 자신의 연구를 수행하고 방대한 저술을 해낼 수 있는 시간을 마련했는지 놀라워합니다. 그런 중에 하나님은 바빙크에게 아내이자 조력자인 요한나 스키펄스(Johanna Adriana Schippers, 1868-1942)를 주셨습니다.

요한나는 네덜란드의 중상위 계층의 통상적인 인물의 딸이었는데, 잘 교육받았고 바빙크를 돕기에 충분한 실력을 갖추었으며 끝까지 바빙크의 승리와 시련을 공유했습니다. 바빙크는 이제 성숙한 남성으로 만개해 있었고 자신의 선택 분야에서 인정받는 권위자가 되었으며 저술을 통해서 널리 알려진 인물이 되었습니다.

바빙크가 능가하지 못하는 유일한 예외는 카이퍼 박사였는데 그는 네덜란드 자유교회의 가장 널리 알려진 지도자였습니다. 그리고 이제 바빙크는 생애 가장 큰 위기를 맞이하게 되었습니다.

14. 애통 측과의 연합 문제와 암스테르담자유대학교로 이직

1886년 카이퍼 박사의 지도력 아래에 국가교회로부터 새로운 분리가 발생했습니다. 그들은 그들 자신을 애통자(십자가 아래 교회)[7]라고 불렀습니다. 불렀습니다. 그리고 애통 측은 1834년의 분리 측 자유교회들과 합병(rapprochement)[8]을 원했습니다. 그런데 목회를 위한 훈련이 전체 문제 중의 쟁점이라는 사실이 드러났습니다. 목회를 위한 훈련이 자유로울 것인가 아니면 교회의 통제 아래에 있을 것인가가 문제였습니다.

우리가 보기에 답은 쉬워 보이지만 대학 교육을 받은 네덜란드 사람들에게는 그렇지 않았습니다. 이 문제에 대한 바빙크의 입장은 그 자신의 경험에 의해 이미 결정되었습니다. 바빙크는 학문적 연구의 자유를 사랑했으며 종교개혁 시대에 교회의 설립자들이 절대 꿈꾸지 않았던 그런 요구를 할 교회의 권리를 의심했습니다.

그러나 바빙크는 또한 그 자신의 교회를 사랑했으므로 가장 어려운 입장에 서게 되었습니다. 나는 이 위기를 완전하게 논의하기 위해 사용할 시간이나 공간이 없습니다. 다만 이 점은 바빙크의 추후 경력에 결정적이었다고만 말하고자 합니다.

---

[7] 여기서 도스커가 말하는 "십자가 아래 교회"(a Church under the Cross)는 정부로부터 핍박받는 상황을 가리키기 위해 도스커가 일반적 의미에서 덧붙인 것으로 공식적 이름이 아니며, 1834년 이후 분리측 그룹에서 존재했던 "십자가 아래 교회"(각주 64번 참조)와 관련을 가지는 것도 아니다. 편역자는 이 점을 가르쳐 준 웨스 브레던호프(Wes Bredenhof) 목사님께 감사의 뜻을 표한다. 마우(Richard Mouw)는 이 용어의 일반적인 의미에 대해 다음과 같이 기술한다. "그(네덜란드 칼빈주의자) 공동체가 자신들의 신앙 때문에 박해의 시간, 심지어는 순교의 시간을 겪었을 때, 그들은 자신의 상태를 어떻게 설명해야 하는지 알고 있었다. 그들은 자신들을 '십자가 아래에 있는 교회들'이라고 불렀다." 괄호 부분은 인용자의 첨가임. 리처드 마우, 『아브라함 카이퍼』, 강성호 역 (서울: SFC, 2020), 192.

[8] 'rapprochement'는 프랑스어로 '화해', '친교 관계의 확립', '합병'과 같은 의미를 가진다.

동료이자 절친인 비스털펠트(Petrus Biesterveld, 1863-1908)와 함께 바빙크는 암스테르담자유대학교로 청빙받았고 둘 다 수락했습니다. 그리하여 바빙크는 그의 인생에 있어서 최고의 시간을 보냈던 캄펀신학교를 떠났고 완전히 새로운 장소에서 자신의 직무를 시작했습니다.

15. 바빙크의 저술 활동

이 20년 기간 동안 바빙크는 쉼 없이 일했습니다.

(1) 츠빙글리의 윤리학에 대한 바빙크의 박사 학위 논문 이후 같은 해, 『순수 신학 개요』(Synopsis Purioris Theolgicae)

(1) 1883년, 『거룩한 신학의 학문』(Science of Sacred Theology)[9]

(2) 1884년, 『숑터피 더 라 쏘세 박사의 신학』(The Theology of Dr. Chantep ie de la Saussaye)

(3) 1888년, 『기독교와 교회의 보편성』(The Catholicity of Christianity and of the Church)[10]

(4) 1889년, 화술에 관한 논문 『설교론』(Eloquence)[11]

(5) 1894년, 『일반은총』(Common Grace)[12]

---

[9] 한글판 서지 사항은 다음과 같다. 헤르만 바빙크, 『교회를 위한 신학』, 박태현 역 (서울: 다함, 2021).

[10] 한글판 서지 사항은 다음과 같다. 헤르만 바빙크, 『교회의 분열에 맞서』, 이혜경 역 (고양: 도서출판 100, 2017). 헤르만 바빙크, 『교회를 위한 신학』, 박태현 역 (군포: 다함, 2012), 102-164.

[11] 한글판 서지 사항은 다음과 같다. 헤르만 바빙크, 『설교론』, 제임스 에글린턴 편, 신호섭 역 (군포: 다함, 2021).

[12] 한글판 서지 사항은 다음과 같다. 헤르만 바빙크, 『일반은총』, 박하림 역 (군포: 다함, 2021), 12-73.

(6) 1895년, 『개혁교의학』(*Reformed Dogmatics*) 제3판

(7) 1897년, 『심리학의 원리』(*Principles of Psychology*)

(8) 1901년, 기독교 생활에 대한 실천적이며 경험적 논문인 『찬송의 제사』(*The Sacrifice of Prayer*),[13] 그리고 『창조인가 진화인가』(*Creation or Evolution*)

이 외에 바빙크는 짧은 글을 많이 썼고, 얼마간 교단지인 「트럼펫」(*de Bazuin*)을 편집했으며, 카이퍼 박사 그리고 루트헐스 박사와 함께 어법을 순화하고 현대화한 네덜란드 성경 개정판을 준비했습니다.

바빙크는 가장 감미로운 기억들을 가지고 캄펀을 떠났는데, 그의 친구 중 한 명은 이 시기를 "그의 인생의 영광스러운 시기"라고 묘사한 적이 있습니다.

16. 카이퍼의 후임자 바빙크

바빙크는 자유대학교에서 카이퍼 박사의 후임이 되었습니다. 바빙크 박사는 훌륭했지만, 탁월한 전임자의 은사와 그의 은사가 완전히 달랐기 때문에 자신의 재능을 유지할 수 있었습니다. 다시 내가 말하는 바는 이 두 훌륭한 지도자들을 비교하는 것은 실제로 불가능하다는 점입니다. 이 비교는 나중에 가능하게 될는지 아니면 영원히 풀 수 없는 문제로 남을는지 알 수 없습니다.

---

[13] 한글판 서지 사항은 다음과 같다. 헤르만 바빙크, 『찬송의 제사』, 박재은 역 (군포: 다함, 2020).

나는 주저하면서도 오직 이 점만 말할 수 있습니다. 나는 두 사람의 저술들을 수년간 읽어 왔습니다. 나는 그들을 동등하게 존경하고 많은 방식으로 그들 모두에게 깊이 빚졌다고 느낍니다. 그러나 내가 보기에 정확한 학문성이라는 지평에서는 바빙크 박사가 카이퍼 박사를 능가했을 법합니다. 반면 카이퍼 박사는 결론의 명확성과 대담한 언변에 있어서 바빙크 박사를 능가했을 것입니다.

바빙크는 어려운 매듭을 부드럽게 풀려 하고 카이퍼는 날카로운 칼을 힘차게 휘두르며 그 매듭을 잘라 버립니다. 판단할 만한 역량을 가진 사람은 이렇게 말합니다.[14]

> 바빙크는 아리스토텔레스주의자이고 카이퍼는 플라톤적 영성을 가졌습니다. 바빙크는 분명한 개념을 추구하는 사람이고 카이퍼는 번득이는 이상을 추구하는 사람입니다. 바빙크는 역사적 자료에 기반하고 카이퍼는 직관적으로 떠오른 생각을 가지고 추측했습니다. 바빙크는 사고에 있어서 원리적으로 귀납적이고 카이퍼는 연역적입니다.

그들은 얼마나 완벽한 한 쌍입니까!

하나님께서 거룩한 신학을 가르치도록 한 기관에 그런 두 사람을 주신 경우는 드뭅니다. 그러나 이 점은 매우 분명합니다. 1902년 암스테르담 자유대학교에 들어갔을 때의 바빙크 박사의 직무가 1882년 캄펀신학교에 들어갔을 때보다 그의 능력을 훨씬 더 많이 시험한다는 점 말입니다. 바

---

14 도스커가 말하는 "판단할 만한 역량을 가진 사람"은 치어르트 훅스트라(Tjeers Hoekstra, 1880-1936)이며, 인용 부분은 다음 자료에 나오는 것이다. Tjeers Hoekstra, "Prof. Dr. H. Bavinck," *Gereformeerd Theologisch Tijdschrift*, July-August 3/4 (1921), 101. 동일한 내용으로 에글린턴이 인용한 부분의 한글역은 다음을 참조하라. 제임스 에글린턴, 『바빙크』, 392-393.

빙크는 이런 직무를 가지고 인생의 두 번째 위대한 시기를 시작합니다.

17. 바빙크의 넓어진 영향력

내가 1902년 이후 바빙크로부터 받은 편지 안에서 다른 소리가 들렸다고 생각할 수 있을까요?

바빙크는 암스테르담으로 옮긴 일을 후회했을까요?

바빙크는 캄펀을 떠나면서 지난 세월 동안 더욱 강해졌던 사랑의 속박을 끊어 내야 했습니다. 한편으로 바빙크는 변화로 인해 많은 것을 얻었습니다. 그러나 다른 편에서 보면 바빙크는 무언가를 잃었습니다.

바빙크가 캄펀에서는 두각을 나타냈지만 암스테르담에서는 의심할 바 없이 박식한 많은 교사 중 한 사람이었을 뿐이며 이 모든 교사는 바빙크와 마찬가지로 동일한 혜택을 누렸습니다. 그러나 암스테르담에서 그의 위치는 더 많은 통솔력을 발휘했고, 그의 영향력은 더욱 넓어졌으며, 그의 말은 더 멀리 전달되었습니다.

아르키메데스는 이렇게 말했습니다.

> 내게 지렛대를 주시오. 그러면 내가 지구를 움직이겠소.

이 말은 바빙크에게도 실로 참된 것이 되었습니다!

18. 무거운 짐과 성장

1902년 12월 17일 수요일에 바빙크는 암스테르담에서 〈기독교와 신학〉(Religion and Theology)이라는 제목의 강연과 함께 자신의 사역을 시작했습니다. 이런 강연문은 본보기로서 바빙크가 가진 학식의 광대함에 대한 어떤 개념을 독자들에게 제공합니다.

바빙크는 자신이 다음과 같이 말했던 대로 그런 자리에 앉아야 한다는 것을 깊이 의식했습니다.

> 여러 해 동안 여러 방면에서 가장 풍성한 재능을 가진 사람으로 채워졌는데, 이들은 하나님께서 지난 반세기 동안 이땅 가운데 하나님의 이름을 고백하는 사람들에게 주신 분들입니다.

실로 그의 어깨에 지워진 직무는 무거운 것이었습니다.

바빙크 박사는 암스테르담에서 교의학, 철학 그리고 윤리학을 가르쳤습니다. 그의 정신은 이제 완전히 성숙해져 있었습니다. 캄펀에서의 경험은 암스테르담에서도 바빙크가 학생들과 동료 교수들에게 끼친 깊은 인상 가운데 반복되었습니다. 바빙크는 지역 사회와 나라 전체에서 지위를 가진 점점 성장하는 남성들로부터 큰 존경을 받았으며, 그의 무르익은 학식은 두루 인정받았습니다.

바빙크는 영향력에서 성장하면서 또한 겸손함에서도 성장했습니다. 적어도 그의 편지들이 이 점을 가리키는 것으로 보입니다. 더욱이 그의 믿음은 순전함에서 더욱 성장했습니다. 아마도 그가 말한 것 중에서 가장 훌륭한 것은 자신의 집에서 열린 신학 교수 25주년을 기념하는 자리에서 감사 인사의 끝부분에 한 것입니다.

나는 믿음을 지켰습니다.

이 말은 정말 훌륭했습니다! 모든 근원 속으로 깊이 파고들었고, 바빙크 자신처럼 예리하게 훈련된 마음에만 가능한 정도의 수준까지 모든 증거를 저울질해 보았으며, 철학적 및 신학적 논쟁의 전(全) 지평을 훑어보았고, 그리하여 마지막에 이르러 이런 단순한 문장을 말할 수 있었던 것입니다!

그리하여 바빙크는 처음처럼 끝까지 남아 있었습니다. 이때쯤 바빙크는 내게 이렇게 편지했습니다.

나이가 들어갈수록 내 마음은 교의적 연구로부터 철학적 연구로 나아가고, 이로부터 내가 관여하는 세상의 실제적인 필요에 관한 그 연구의 적용으로 나아간다네.

19. 교육 분야의 관심

그가 암스테르담대학으로 옮긴 해에 현대 윤리학 연구서인 그의 저서 『현대 윤리』(*Hedendaagsche Moraal*)가 출간되었습니다. 2년 후에 『기독교 세계관』(*Christian View of the World*)[15] 그리고 『기독교 과학』(*Science from the Christian Standpoint*)이 각각 간행되었습니다.

이 기간에 기독교 교육에 대한 그의 관심이 깊어지기 시작했습니다. 기독교 교육은 항상 자유교회 운동의 주춧돌 중 하나입니다. 바빙크는 1904

---

15   한글판 서지 사항은 다음과 같다. 헤르만 바빙크, 『기독교 세계관』, 김경필 역 (군포: 다함, 2020).

년에 그의 저서 『교육학의 원리』(*Pedagogic Principles*)를 출간했습니다. 그리고 곧장 이 논점의 촉진자 중 선두에 서게 되었고 의심의 여지없는 교육학의 권위자가 되었습니다.

1907년에 진화론에 대한 바빙크의 냉정한 논의를 다룬 글 "진화"("Evolutie", *Pro en Contra Serie III. no. 3*)는 광범위한 관심을 끌었습니다. 이 모든 작은 저술 외에 바빙크는 1907년에 자신의 두 번째 주요 저서 『하나님의 큰 일』(*Magnalia Dei*)[16]을 출간했으며, 1년 후에 스톤 강좌(Stone Lectures)의 강연집 『계시 철학』(*Philosophy of Revelation*)[17]을 출간했습니다.

교육 문제에 대한 바빙크의 관심은 마지막까지 끊어지지 않고 지속되었는 데 다음과 같은 저서들이 이를 증거합니다.

(1) 1913년, 『기독교 교육 입문』(*Manual for Training in the Christian Religion*)
(2) 1914년, 『교사 교육』(*Training of the Teacher*)
(3) 1916년, 『성인 교육』(*Education of Adolescents*)
(4) 1917년, 『신(新) 교육』(*New Education*)
(5) 1920년, 그가 활력을 가지고 있던 마지막 해, 『성경적 종교적 심리학』(*Biblical and Religious Psychology*)

이렇게 바빙크는 마지막까지 주님의 일에 참여했습니다.

---

16 한글판 서지 사항은 다음과 같다. 헤르만 바빙크, 『하나님의 큰 일』, 김영규 역 (서울: CLC, 1999). 같은 내용 다른 이름으로 출간된 것은 다음과 같다. 헤르만 바빙크, 『개혁교의학 개요』, 원광연 역 (파주: 크리스천 다이제스트, 2017).

17 한글판 서지 사항은 다음과 같다. 헤르만 바빙크, 『계시 철학』, 박재은 역 (군포: 다함, 2019).

20. 바빙크의 죽음

전쟁[18]은 그를 몹시 괴롭혔습니다. 1918년에 바빙크는 흐느끼는 것처럼 읽히는 편지를 썼습니다. 그는 말했습니다.

> 우리의 현대 문명은 죽었다네. 현대 문명이 평정을 되찾기까지는 한 세기가 걸릴 것 같아.

모든 곳에서 새로운 문제들이 발생했습니다. 바빙크는 가장 강한 반대에 직면하면서도 1918년에 여성 선거권을 명확하게 옹호한 저서 『현대 세계 안에 있는 여성』(Woman in the Modern World)을 출간하기 위해 용기를 발휘했습니다.

바빙크는 전국 각지에서 가르치고, 저술하고, 강의하고, 설교하면서 계속 일했습니다. 교육 협의회가 어디서 열리든지 바빙크는 그 지도자 중에 분명히 있었습니다. 총회는 바빙크의 권고를 비중 있게 전달했습니다. 그런데 이 교육 회의 중 하나에서 종말의 시작이 도래했습니다. 1920년 레이우발던(Leeuwarden) 총회에서 훌륭한 연설 뒷부분에 바빙크는 자신의 의자에 주저앉게 되었고 회의장을 떠나야 했습니다.

이제 바빙크의 일은 끝났습니다. 그것은 죽음의 손길이었습니다. 몇 달간 바빙크는 치명적인 심장마비와 싸웠지만 사랑도 의료 기술도 필연적인 일을 막을 수 없었습니다. 바빙크는 1921년 7월 29일 그리스도 안에서 잠들었습니다. 바빙크는 죽음이 두려운지에 대해 질문을 받자 이렇게 말했습니다.

---

18 제1차 세계대전(1914-1918)을 말한다.

나의 교의학도 나의 지식도 내게 아무런 소용이 없습니다. 그러나 나는 나의 믿음을 가지고 있습니다. 그리고 이 믿음 안에서 나는 모든 것을 가지고 있습니다.

그리고 다른 한때에는 이렇게 말했습니다.

나는 하나의 소망이 있는데 그러나 그것은 성취될 수 없는 것입니다. 그 소망은 이것입니다. 내가 하늘의 영광에 들어갔을 때 모든 하나님의 사람들 앞에서 그리고 심지어 세상 앞에서 하늘의 영광을 증언하기 위해 이 세상에 잠시 되돌아오도록 허락받는 것입니다.

바빙크는 하나님의 순전한 자녀로서 살았던 것처럼 그렇게 죽었습니다. 이제 바빙크는 그의 길고 고된 노동을 그치고 안식에 들어갔습니다. 그리고 여기 이 땅에서 그를 휘청거리게 했던 많은 수수께끼는 이제 하나님의 보좌에서 나오는 빛에 의해 분명하게 되었고 밝혀졌습니다.

21. 바빙크의 외모와 기질

바빙크 박사는 신체적으로 시선을 끄는 인물이었습니다. 젊은 시절의 바빙크를 기억해 보면 그는 키가 크고, 호리호리했고, 옅은 머리칼과 맑고 친근한 회청색 눈을 가지고 있었습니다. 심지어 그때도 그의 외모에는 무언가 귀족적인 것이 있었는데, 그의 출신과 초기 양육이 드러낼 수 있는 것과는 완전히 동떨어진 것이었습니다.

바빙크는 나이가 들어 가면서 살이 붙었고 이는 그가 더 인상적인 외모를 가지게 했습니다. 신체적으로, 정신적으로, 기질적으로 바빙크는 탁월했습니다. 내가 생각하기로 바빙크의 친구 중 한 명이 이렇게 말한 것은 바르게 표현된 것입니다.

> 카이퍼 박사는 보통 사람들(de kleine luiden)을 위한 인물이었는데 매일같이 「표준」(Standaard) 지의 기사들과 중요 표시 처리된 단락에서 보통 사람들의 관심을 촉진했습니다. 반면 바빙크는 귀족적인 정신을 소유했고 때때로 고상한 형식과 풍부한 내용을 가진 훌륭한 연설 속에서 삶의 큰 문제에 대한 빛줄기를 던졌습니다. 카이퍼는 항상 무리의 머리였습니다. 그러나 바빙크는 독립적인 싸움을 싸웠습니다.

바빙크 박사의 출중한 특징은 겸손이었습니다. 바빙크는 철저히 자신을 잊어버렸습니다. 바빙크는 너무 지나친 칭찬을 혐오했습니다. 대중이 좋아하는 사람들에게 자주 내뱉는 모든 바보스러운 칭찬들은 바빙크에게는 혐오스러운 것이었습니다.

바빙크는 진정 훌륭한 사람들이 모두 그러하듯이 겸손했습니다. 왜냐하면, 바빙크는 자신이 이룬 모든 학문적 성취와 함께 다음과 같은 사실을 충분히 잘 알고 있었기 때문입니다. 그는 단지 그가 찾고 있었던 위대한 진리를 덮고 있는 베일의 끝자락만 들어 올렸을 뿐이라는 점 말입니다. 그러므로 바빙크의 영광은 끊임없이 수고하는 일이었습니다.

바빙크는 결속력을 가진 친구였습니다. 어떤 사람이 그의 마음속으로 일단 들어오면 그는 결코 그에게 나가는 문을 보여 주지 않으려 했습니다. 그러나 바빙크는 기질적으로 자신의 재능이 지나치게 낭비되는 것을 금했고 친구들은 많았지만 친밀한 사람은 소수였습니다. 절친 가운데 최고는 의심할 바 없이 스눅 헐흐론여와 비스털펠트인데 바빙크는 비스털펠

트가 일찍 별세한 것을 몹시 슬퍼했습니다.¹⁹

바빙크는 본성적으로 숫기 없었고 수줍음이 많았습니다. 바빙크는 한 담할 재료가 한정적이었고 공식접견과 관련된 일은 그를 쉽게 지루하게 만들었습니다. 바빙크는 설교단이나 강단에 서면 어휘에 한계가 없었던 반면 사소한 일에 관해서는 말에 있어서 부족함이 있어 보였습니다.

바빙크의 참된 삶은 공부하는 것이었습니다. 그의 책은 그의 최고의 친구였습니다. 비록 겸손하고 숫기 없고 자제심이 있었지만, 외적 잠잠함 아래에 타오르는 불꽃이 있었고 때때로 밝은 화염을 터뜨렸습니다.

바빙크가 박사 과정 후보 시험을 성공적으로 통과했던 날에 일어난 일을 생각해 봅니다. 1876년 4월 28일 새로운 법규 아래에 옛 방식의 "학점들"은 폐기되었고 과정을 성공적으로 마친 학생은 단지 수료증만 받았습니다. 그러나 신학교 교수진은 여전히 예외적인 경우에 있어서 "최우등"(cum laude)을 부여할 수 있었습니다.

스눅 헐흐론여는 바빙크의 시험 전날 시험을 보았고 자신의 수료증을 받았습니다. 반면 다음 날 바빙크의 뛰어난 시험 성적은 예외적인 "최우등"을 가져왔습니다. 그의 친구에게 불공평한 처사가 있었다고 믿은 바빙크는 수료증이 그에게 주어졌을 때 책상 위에 그것을 던져 버렸고 교수들에게 "최우등"을 취소하든지 아니면 수료증을 찢어 버리든지 할 것을 요구했습니다. 그러고 나서 그는 퉁명스럽게 방을 나와 버렸습니다.²⁰

다행스럽게도 바빙크를 사랑했고 존중했던 교수들은 문제가 무엇인지 살펴보았고 바빙크에게 연구를 재개하기 전에 푹 쉬라고 권면했습니다. 그러나 "최우등"은 그대로 남았고 드문 경우 중 하나인 상황 속에서 한 명의 라이던 학생이 명예롭게 되었습니다.

---

19 편역자 주: 비스털펠트는 1908년 12월 14일 45세의 나이로 별세했다.
20 다음을 참조하라. 론 글리슨, 『헤르만 바빙크 평전』, 79-80. 여기에서 글리슨은 비슷한 정황을 소개했지만 바빙크의 과격한 행동은 언급하지 않았다.

22. 바빙크의 재능과 학문적 공정성

바빙크의 정신력은 경이로웠습니다. 소수의 사람만이 바빙크만큼 적응력을 가진 정신이 있을 것입니다. 바빙크는 학문의 거의 전 분야에서 탁월성을 발휘했습니다. 바빙크는 탁월한 언어학자이며, 교의학에 있어서 지도적인 별이고, 뛰어난 철학자이며, 교육학의 권위자이고, 일상생활 속에서는 훌륭한 인간이며, 그리스도인의 체험을 다룰 때는 부드러운 감화자입니다. 실로 바빙크는 수많은 재능을 가진 사람이었습니다.[21]

바빙크가 반대자들에 대해 보인 확고한 공정함은 때때로 우유부단하다는 인상을 만들었습니다. 그러나 바빙크의 이런 약점을 고소하는 사람들은 전적으로 잘못된 것입니다.

바빙크의 『개혁교의학』을 읽어 보십시오. 그러면 당신은 이 책에서 제시된 정보의 부요함과 저자의 학문적 지평의 넓이에 감탄하게 될 것입니다. 이 책은 교의학 자체일 뿐만 아니라 교의학의 역사입니다. 오랜 기독교 역사 안에서 등장한 모든 사조와 모든 오류가 진리의 시금석 위에 올려집니다. 만일 빛줄기, 즉 진리의 요소가 있으면 그것은 기쁘게 인정됩니다. 왜냐하면, 바빙크는 진리의 기초 속으로 뚫고 들어갔을 때만 교의적이 되고 분명한 통찰력을 가진 채 말하기 때문입니다.

바빙크는 의문점이 얼마나 희미하든지 간에 그런 의문점이 보이는 곳에 감탄 부호를 붙이는 오류는 절대 범하지 않습니다. 다른 사람들이 열정적으로 확신하는 곳에서 그가 때때로 주저하는 것이 이런 이유 때문입니다. 그러나 이것이야말로 그의 진정한 위대함의 보증입니다. 바빙크의

---

21 바빙크를 "박식가"(polymath)로 표현하는 다음의 강연을 참고로 보라. 고신대 개혁주의학술원 제12회 칼빈학술세미나 강의 1 〈헤르만 바빙크: 기독교 대가의 초상화〉, 에글린턴 박사. <YouTube>에서 "헤르만 바빙크: 기독교 대가의 초상화"를 검색하라. 여기서 "대가"는 polymath(박식가)를 의미한다.

표면적인 우유부단함을 비판하는 사람들은 그를 모르는 사람들입니다.

바빙크는 그 자신에게 정직했던 것처럼 진리와 함께 정직했습니다. 그리고 진리를 매우 사랑했기 때문에 진리를 그렇게 부지런히 찾았고, 진리를 분명하게 이해하는 만큼 진리를 해설했습니다.

23. 성경의 절대 권위에 의존한 바빙크

바빙크 박사는 말년에 철학적 연구, 교육 문제 그리고 사회적 질문에 두드러진 관심을 보였는데 어떤 사람에게는 새로운 관심이 옛것들을 밀어내는 것처럼 보였습니다. 그러나 바빙크는 교의학 분야 내에서 주로 살았습니다.

칼빈주의 또는 신칼빈주의(Neo-Calvinism)는 위대한 지도자들 중 한 명을 잃어버렸고 오늘날 보는 바와 같이 아무도 바빙크의 자리를 채울 수 없습니다. 바빙크는 훈련 때문에 그리고 가장 깊은 확신 때문에 칼빈주의자가 되었으며 칼빈주의의 근본 원리들을 비할 데 없는 명료함과 능력으로 가르쳤습니다.

종교개혁의 형식적 원리, 성경의 절대 권위는 바빙크 신학 전반의 모퉁잇돌이었습니다. 『개혁교의학』에 있는 "외적 원리"(*principium externum*)에 대한 장(章)은 얼마나 훌륭한지요. 사람이 하나님을 찾는 '종교'와 하나님께서 사람을 찾으시는 '계시 종교' 사이에 바빙크가 제시하는 구별은 얼마나 예리한지요.

하나님이 사람을 찾으시는 종교는 계시가 있어야 합니다. 바빙크 박사는 계시의 중심적이고 유기적인 개념을 열렬히 지지합니다. 계시는 확실히 목적론적 입장[22]을 취합니다. 계시는 하나님께서 인류에게 오시고 영원히 인류와 함께 거하심을 우리에게 드러냅니다.

바빙크의 정의(定義)는 얼마나 뚜렷하고, 그의 반정립(反定立)[23]은 얼마나 예리한지요!

바빙크의 문체는 종종 경구(警句)적이고, 생생하며 그림 같습니다. 말한대로 바빙크는 성경의 영감 교리에 있어서 확고합니다.

그러나 그는 성경에 대한 모든 비평적인 공격을 두려워하지 않습니다. 이런 것들은 예상되는 것들인데 "왜냐하면 선지자들과 사도들의 저술은 역사의 영역 '바깥'이 아니라 '안'에서 이루어졌기 때문입니다." "사람 속으로 들어감에 있어서 성령은 사람의 문체, 언어, 그리고 지적 자질 속으로 들어가셨습니다." 그러므로 성경은 다양성뿐만 아니라 또한 유기적 단일성이 있습니다. 바빙크의 신학에 있어서 놀라운 점은 로고스의 성육신과 성령께서 세상 속으로 들어오심 사이의 유비입니다.

---

[22] 목적론적 논증은 우주에 목적이 있다는 특성을 출발점으로 취하는 하나님의 존재에 대한 논증이다. 이 논증은 종종 "설계로부터의 논증"(the argument from design)이라고 일컬어지며, 여러 다양한 형태가 있다. 다음을 참조하라. C. 스티븐 에반스, 『철학·변증학 용어 사전』, 36.

[23] 헤겔의 변증법적 논리에서는 삼자 도식을 사용하는데, 삼자 도식 중 둘째 요소는 첫째 요소('정립')를 약화하거나 부인한다. 그렇게 함으로써 첫째 요소의 '반정립'이 된다. 이러한 반대는 결국 셋째 요소('종합')에서 극복된다. … 또한, 반정립이라는 용어는 개혁주의 신학에서 아브라함 카이퍼의 추종자들이 사용하고 있다. 그들은 '하나님께 충실한 사고의 형태'와 '죄악으로 저항하며 형성된 사고' 사이의 날카로운 대립을 나타내기 위해 이 용어를 사용한다. 다음을 참조하라. C. 스티븐 에반스, 『철학·변증학 용어 사전』, 41.

24. 하나님 중심의 신학

그는 모든 교리를 살아 있게 했습니다!

누군가 바빙크의 『개혁교의학』을 읽는다면 그는 학생들이 바빙크의 강의에 열광할 수밖에 없었음을 쉽게 알 수 있습니다. 신학은 바빙크에게 있어서 학문 그 이상이었고, 조직적으로 배열되고 철학적으로 주해된 성경적 가르침의 풍부한 개념 그 이상이었습니다.

하나님의 은혜, 원리로서 성경 안에 있는 살아 있는 믿음, 성경의 진리에 대한 마음으로부터의 동의, 이 모든 것이 성경을 가르치고 탐구하는 일에 있어서 필수적이었습니다. 『개혁교의학』의 페이지마다 이 위대한 스승이 자신의 원리에 얼마나 진실했는지를 가리키고 있습니다.

바울과 마찬가지로 바빙크에 대해서도 이렇게 말할 수 있습니다. 그는 모든 사상을 사로잡아 그리스도께 복종시켰다고 말입니다. 이 점은 합리주의에 대한 바빙크의 타협하지 않는 태도를 설명합니다.

합리주의는 우리에게 말합니다.

> 반드시 신학의 파산으로 종결되어야 한다.

진리에 대한 합리주의적 탐험의 시대 안에 있는 사람들은 이런 탐험에 속하지 않는 신학을 "고정신학"(static theology)이라고 자주 부르고, 그런 사람들을 신학적 발달을 제한하는 예로 간주합니다.

바빙크 박사는 이런 생각을 얼마나 비난했는지요!

바빙크는 말씀의 충만함이 소진되지 않는 한 신학을 항상 확장하는 유기체로 봅니다. '종교'가 아니라 '하나님'이 신학의 대상입니다. 이 점을 잃어버리는 것은 사람이 비교 종교라고 불리는 미로 안에서 자신을 잃는 것입니다. 그리고 그들은 기독교 신학으로부터 자신을 잘라내 버리게 됩니다. 기독교 신학은 믿음으로 소유하는 하나님을 점점 더 많이 배우는 것을 유일한 목표로 가집니다. 마음과 이성 모두를 가지고 하나님을 섬기는 것이 참된 기독교 신학의 목적입니다.

오늘날 종종 우리는 과학이 정확한 것이며 사실 위에 세워진다고 말합니다. 반면 신학자들은 자신의 학문을 믿음 위에 세웁니다. 바빙크 박사는 하나님께서 비가시적 세계에 속하시고 따라서 과학으로 하나님을 알 수 없다는 점을 인정합니다. 그러나 바빙크는 "모든 비가시적인 것은 알 수 없다"는 격언에 대항하여 과학자들에게 경고합니다.

이 격언을 수용하면 윤리학, 심리학, 철학, 아니 자연과학 전체에 무엇이 남을까요?

모든 과학은 궁극적으로 믿음에 놓여 있고 믿음을 요구합니다. 그러므로 기독교 신학이 비과학적이라는 주장은 전적으로 부정됩니다.

25. 신중한 바빙크

내가 『개혁교의학』을 통하여 바빙크 박사를 따라갈 시간과 공간을 가졌다면 좋겠습니다. 바빙크는 항상 최고의 문화와 가장 달콤한 정신을 가진 사람이었고 항상 상대방의 좋은 점을 인식했으며, 교리를 다룸에 있어서 명료했고, 정의(定義)를 내림에 있어서 신중했으며, 비난을 아꼈고 결론에서는 분명했습니다.

앞서 말한 대로, 바빙크는 자신의 신학 체계에 있어서 절대 호언장담하지 않았으며, 격정적 폭발도 없었고, 신랄한 공격도 없었습니다. 바빙크는 옛것과 새것을 아우르는 박식한 사람이었고 자신의 정보를 가장 신중한 방식으로 사용했습니다.

26. 신학의 보수성과 진보성

바빙크는 보수적일까요?
전적으로 그렇습니다.
그러나 바빙크는 어떤 점에서 보수적이라 할 수 있을까요?
바빙크의 말을 직접 들어보십시오.

신학은 실로 보수적입니다. 신학은 과거 세대의 유산을 수용합니다. 그러나 그 유산을 흩어버리지 않고 만일 가능하다면 더 풍성하게 그리고 여전히 더 '개혁적'인 방식으로 다음 세대에 전수합니다.

신학은 이 습득된 보물들을 받아 비평의 도가니에 지속해서 그 보물들을 집어 던지는 것이 아니라 이전 세대와 마찬가지로 강력하게 그 진리와 아름다움을 또한 우리 자신의 영혼 안에서도 경험할 수 있을지 확인하도록 우리에게 전수합니다.

신학의 영역에서 항상 무언가 새로운 것을 발견하려는 시도는 단지 환영(幻影)일 뿐입니다. 자연과학의 번뜩이는 결과들은 많은 신학자가 신학의 영역에서 새로운 것을 발견하게끔 시도하도록 인도할지도 모릅니다. 그러나 그런 호기심은 항상 실망이라는 벌을 받았습니다.

그러나 동시에 신학은 진보적인 학문입니다. 신학은 과거를 존경하면서 이미 놓인 기초 위에 쌓아 올립니다. 신학 자체가 완성되고 신학의 최종 목적을 달성할 때까지 말입니다. 신학은 칼케돈이나 도르트에 머물지 않습니다. 지금까지는 성경의 내용 중에 어둡거나 혹은 희미했던 부분이 있었다면 다가올 세대에는 성경에 더 많은 빛을 비추어 하나님을 기쁘시게 할 것이라는 점이 신학이 가진 확신입니다. 그 확신이 성취될 때까지 신학은 자신의 임

무를 완성하거나 자신의 목적을 달성하지 못합니다.[24]

이런 것이 바빙크 박사의 신학이었습니다!

그의 『개혁교의학』이 영어로 번역되지 않은 것이 못내 아쉽습니다.[25] 그러나 이 임무는 매우 큰 힘이 소요되고 오직 소수의 사람만이 번역을 완성할 정도의 양쪽 언어에 대한 어휘 지식을 가지고 있을 뿐입니다. 그리고 번역하지 않는 것이 서투르게 번역하는 것보다는 훨씬 낫습니다.

27. 바빙크의 다방면성과 그의 마지막

큰 명예가 바빙크 위에 쌓였습니다. 네덜란드 여왕은 바빙크에게 네덜란드 사자 훈장(the Order of the Dutch Lion)과 함께 기사 작위를 수여했습니다. 바빙크는 네덜란드 의회 상원의원, 몇몇 과학협회의 회원이 되었고, 대중 연설가로서 어디든지 항상 초청받았습니다. 바빙크는 자신이 소속된 교회나 교수진의 구성원이 아무도 초청받지 않은 곳에 등장했습니다.

바빙크는 1915년 7월 7일 과학협회에서 "무의식의 교리"에 관해 연설했고, 제8회 네덜란드 언어학 회의에 앞서 "영혼의 정복"에 대하여 연설했습니다. 몇몇 소심한 사람은 이와 같은 방대한 관심의 다방면성 안에서 연약함의 표지, 공동의 적에게 손을 내밀려는 어떤 시도를 보았습니다.

---

24 이는 바빙크의 캄펀신학교 교수 취임 연설문 〈거룩한 신학의 학문〉(1883) 중에서 발췌된 것이다. 전문은 다음을 참조하라. 헤르만 바빙크, 『교회를 위한 신학』, 박태현 역 (서울: 다함, 2021), 16-80.

25 현재 바빙크의 개혁교의학은 영문으로도 완역 완간되었다. Herman Bavink, *Reformed Dogmatics*, 4 Vols. , edit. John Bolt, trans. John Vriend, Baker Acamemic, 2008.

그러나 실제로 그러한 방대한 관심은 바빙크의 참된 탁월함의 표지였습니다. 바빙크는 죽었을 때 아무런 적(敵)도 없었습니다. 친구와 적 모두 바빙크가 본향으로 돌아갔을 때 함께 그를 애도했던 것입니다.

===== 부록 2 =====

신복원 신학에 대하여[1]

새뮤얼 파월(Samuel Powell)
Point Loma Nazarene University 종교·철학 명예교수

1. 신복원 신학의 개념

'신복원 신학'(新復原神學, Neology)은 1700년대 중반에 활동했던 독일 개신교 신학자들의 조류를 나타냅니다. 이 신학자들은 계몽주의 사상을 품으면서 교회 안에 남아 신학을 정화하고 기독교를 방어하려고 했습니다.

지도급 대표자들은 요한 프리드리히 빌렘 예후살렘(Johann Friedrich Wilhelm Jerusalem, 1709-1789), 프리드리히 사무엘 고트프리트 삭(Friedrich Samuel Gottfried Sack, 1738-1817), 요한 요아힘 스팔딩(Johann Joachim Spalding, 1714-1804)을 포함합니다. 요한 살로모 셈라(Johann Salomo Semler, 1725-1791)도 또한 때때로 신복원 신학자들(neologians)과 함께 분류됩니다.

'Neology'(문자적 의미는 '새로운 학문')라는 용어는 이 운동이 아마도 당시에 만연했던 정통 신학의 체계에 대조되는 새로운 가르침이었음을 의미합니다. 그러나 이 용어는 잘못 불리는 것인데, 왜냐하면 신복원 신학

---

[1] 편역자는 원문을 번역하고 본서의 부록으로 사용할 수 있도록 기꺼이 허락해 주신 파월 교수님께 감사의 뜻을 표함. 소제목은 편역자가 붙인 것임. 원문 출처: https://sampowelldotnet.files.wordpress.com/2015/07/neology.pdf

자들은 새로운 유형의 가르침을 도입하려는 것이 아니라 그들이 이해했던 근원적이고 순수한 기독교 형태로 복원하려고 했기 때문입니다.

2. 철학적 절충

신복원 신학자들에게 영향을 준 것은 많았는데 이는 그들이 철학적으로 절충적이었기 때문입니다. 그들은 체계를 세우는 사람들이 아니라 관리하고 혁신하는 사람들이었습니다. 그들의 주요 관심은 종교적이고 목회적인 것이었지 철학적인 것이 아니었습니다.

결과적으로 그들은 G. W. 라이프니츠(Gottfried Wilhelm Leibniz, 1646-1716), 크리스티안 볼프(Christian Wolff, 1679-1754) 그리고 잉글랜드 이신론자들로부터 선택적으로 사상을 빌려 왔습니다. 라이프니츠와 볼프가 대부분의 관점에서 잉글랜드 이신론자들보다 훨씬 신학적으로 보수적이었음에도 불구하고 또한 급진적 이신론자들의 사조에 대한 염려에도 불구하고 말입니다.

3. 교회의 파멸을 추구하지 않음

이런 이유로, 신복원 신학자들을 독일 이신론자들로 단순하게 분류하지 않는 것이 중요합니다. 적어도 만일 이신론이 기독교에 대한 프랑스와 잉글랜드의 급진적인 비평에 의해 아니면 헤르만 사무엘 하이마호스(Hermann Samuel Reimarus, 1694-1768)와 같은 사람에 의한 성경 비평에 의해 전개된 철학적 주제를 의미한다면 말입니다.

비록 신복원 신학자들이 정통 개신교 신학자들에게는 충분히 급진적이고 파괴적으로 보이더라도, 급진적 이신론자들과는 달리 그들은 반성직주의적(anti-clerical)이지도 않았고 교회의 제거를 추구하지도 않았습니다. 반대로 지도급의 신복원 신학자들은 안수받은 목회자들이었고 교회 안에서 중요한 역할을 맡았습니다.

예를 들어, 요한 F. W. 예후살렘은 1771년에 볼펜부텔(Wolfenbüttel) 당회(지역 교회 회의)의 부회장으로 봉사했습니다. 그는 또한 수년간 궁정 설교가로 봉사했고 막데부어크(Magdeburg)에 있는 국가교회의 감독으로 여러 차례 지명되었습니다.

그러므로 신복원 신학자들은 교회의 파국을 원하지 않았습니다. 사실 신복원 신학은 기독교에 대한 합리주의적 비평에 대항하는 변증적인 노력으로 간주될 수 있습니다. 그들의 변증적 노력의 한 예는 요제프 바틀러(Joseph Butler, 1692-1752) 주교의 계시 종교의 방어 및 합리주의에 대한 비평을 스팔딩이 1756년에 번역한 『종교의 유비』(*The Analogy of Religion*)입니다.

동시에, 비록 그들은 교회의 충성스러운 지지자들이었지만 몇몇 교리와 실천에 예리한 비평을 가했습니다. 그들은 이 비평에 있어서 가장 잘 알려져 있습니다. 그러나 심지어 그들의 비평적 윤곽조차도 합리주의적 자극으로부터만 아니라 또한 이미 시작되었지만, 그들이 보기에 16세기 개혁자들에 의해 미완성으로 남겨진 기독교를 순화하는 임무를 그들이 계속하고 있다는 확신으로부터 비롯되었습니다.

따라서 그들의 비평과 혁신의 주제는 급진적 이신론자들과는 대조되고 상당히 보수적인 그들의 교회적 헌신과 그들의 신학적 성향의 빛 안에서 검토되어야 합니다.

4. 자연 종교에 대한 긍정

이신론자들처럼 신복원 신학자들은 자연 종교의 개념을 긍정했습니다. 자연 종교는 시초에 인류의 원초적이고 보편적인 종교로 간주되었습니다. 그러나 이 원초적인 종교를 자연적이라고 부름에 있어서 신복원 신학자들은 계시 종교로부터 그것을 구분하려 하지 않았습니다.

자연 종교는 개념상에 있어서 엄격하게 인간의 이성으로부터 연역된 종교가 아니었습니다. 오히려 자연 종교는 인류에게 주어진 원초적 계시에 의존합니다. 더 나아가 후속적인 계시들(모세 그리고 나중에 기독교의 종교)은 이 원초적 종교를 복원하기 위해 필요했습니다.

신복원 신학자들은 이런 개념 속에서 기독교의 역사적인 기능이라는 관점에서 불일치했습니다. 어떤 사람은 기독교의 역사적인 기능을 원시 종교의 확인이라는 점에서만 보았다면 다른 사람들은 원시 종교의 진전된 발전으로 간주했습니다.

그럼에도 불구하고 신복원 신학자들은 기독교가 자연 종교와 어떤 식으로든 모순되지 않고 실상 자연 종교의 또 다른 계시라는 신념을 유지했습니다. 물론 '기독교'라는 말에서 그들이 이해한 바는 정통주의 개념에서 이해하는 것과는 일정부분 다릅니다.

그들의 관점에서 자연 종교와 기독교는 본질에서 하나님과 이웃에 대한 도덕적 의무의 문제, 미래의 복에 대한 약속 그리고 하나님에 대한 보조적 교리들입니다. 그러나 그들은 이 단순하고 도덕적인 종교가 자연 종교에 상응하지 않는 수많은 교리, 의식 그리고 관습들과 부착되어 있어서 실상 단순하고 도덕적인 종교를 모호하게 만든다고 주장합니다.

16세기 종교개혁자들은 자연 종교로 돌아가기 위한 좋은 출발을 했지만, 그 회귀는 개신교 정통주의의 등장 때문에 방해받았다고 신복원 신학자들은 보았습니다. 그들이 본 대로 신복원 신학자들의 당면한 과제는 종교개혁자들이 중단한 지점을 찾아내는 것이었습니다.

5. 신복원 신학과 경건주의의 공통점과 차이점

이 점을 마음에 두는 것이 중요한데 왜냐하면, 신복원 신학은 개신교회 안에서 개혁과 변화를 위한 18세기보다 광범위한 운동의 일부였기 때문입니다. 다른 출중한 운동 중 하나는 경건주의였습니다.

비록 경건주의자들의 특정한 목표는 신복원주의자들의 것과는 매우 달랐지만 두 진영의 전체적인 목적은 표면적으로는 동일했습니다. 이른바 마틴 루터와 다른 종교개혁자들의 개혁 작업을 지속하는 것이었습니다. 따라서 신복원 신학과 경건주의는 교회의 주요 임무가 교리의 순수함을 유지하는 것이라는 정통주의 신학자들의 가정에 연합하여 반대했습니다.

반대로 신복원주의자들과 경건주의자들의 경우 주요 관심은 그리스도인의 삶이었고 건전한 실천을 촉진하기 위한 요구였습니다. 비록 교리의 중요성을 전적으로 무시하지는 않았지만, 양측은 교리의 역할과 특정한 교리의 유효성을 기독교인의 삶과 관련하여 판단하고자 했습니다. 양측은 그들이 보았던 정통 개신교 신학에서 벌어지고 있는 교리와 실천 사이의 해로운 분리를 극복하는 일에 관심을 기울였습니다.

물론 경건주의자들과 신복원 신학자들은 그들의 개혁 작업으로부터 나오는 기독교의 개념에 있어서 상당히 달랐습니다. 그들은 또한 루터와 그의 종교개혁의 해석에서도 상응하게 달랐습니다.

경건주의자들은 정통 신학을 당연한 것으로 받아들였고 순수한 교리에 필요한 보완으로서 실천을 강조하고자 했습니다. 신복원 신학자들은 반대로 교리의 전반적인 혁신에 관심을 두었고 교리 중 일부는 건전한 실천을 방해하는 것으로 간주했습니다.

결과적으로 신복원 신학자들은 일반적으로 경건주의자들보다는 특정한 교리에 더욱 비판적인 것으로 드러났습니다. 세기가 지나가자 경건주의자들은 신복원 신학자들의 교리에 대한 의문과 거부에 대한 위험을 더 많이 보게 되었습니다. 따라서 경건주의자들은 더욱 보수적인 방향으로 움직이기 시작했고 정통주의 신학자들의 관심 사항에 마음이 기울어졌습니다.

그러나 두 운동 사이에 이러한 중대한 차이점에도 불구하고 우리는 루터가 자신의 세대에 행한 대로 신복원 신학이 그 시대에 행하려 했던 의도를 인식할 때만, 그리고 신복원 신학과 경건주의 사이의 중요한 유사점과 정통주의 신학의 확립에 대항하는 그들의 공통의 투쟁을 볼 때만 신복원 신학을 정당하게 이해할 수 있습니다.

우리가 얻게 되는 교훈은 1700년대 독일 내의 핵심적인 신학적 이슈는 다른 나라에서 그랬던 것처럼 기독교가 참된 종교인가 아닌가의 문제가 아니었습니다. 신복원 신학자들은 경건주의자들과 정통주의 신학자들이 그랬던 대로 마음으로부터 기독교의 정당성을 확언했습니다. 오히려 이슈는 실천에 관련된 기독교와 교리의 역할을 어떻게 가장 잘 이해할 것인가에 관한 것이었습니다.

6. 성경의 영감을 부인함

신복원 신학자들의 교리에 대한 비판은 자연 종교와 계시에 대한 그들의 관점에 의존합니다. 이 시기 안에서 모든 신앙고백과 관련된 정통주의 신학 내에서 계시는 인간의 이해를 넘는 진리의 초자연적 소통으로 이해되었습니다.

예를 들어, 삼위일체 교리는 일반적으로 인간 이성이 발견하지도 이해하지도 못하는 교리로 간주되었습니다. 삼위일체 교리는 하나님에 대한 진리를 계시하는 성경 구절에 의존하고 그렇게 고정되었습니다. 성경적 진리들은 인간의 이해를 초월하므로 그 진리들은 영감의 행위를 통하여 성경의 인간 저자들과 초자연적으로 소통되어야 했고 그렇게 주장되었습니다.

신복원 신학자들은 이 이론의 각 측면을 거부했습니다. 그들은 계시가 이해 불가한 진리들의 알림이라는 전제를 받아들이지 않았습니다. 왜냐하면, 그들의 관점에서 참종교는 단순하고 도덕적이기 때문입니다. 그들이 지지하는 자연 종교의 교리들은 하나님, 하나님의 섭리적 돌보심, 영혼의 불멸과 미래의 복에 대한 믿음과 같은 몇몇 견해로 구성되었을 뿐입니다.

결과적으로 계시는 하나님의 도덕적 명령에 순종하기 위해 요구되는 교리들만 포함합니다. 그렇다면 예수 그리스도의 계시적 중요성은 그가 지금까지 알려지지 않았고 본질에서 이해 불가한 교리들을 드러내신 것이 아니라 예수님이 자신의 시대에 참종교를 제시하셨고 그리하여 참종교로 돌아가는 길을 보여 주신 것에 불과했습니다.

또한, 신복원 신학자들은 성경의 영감에 대한 정통주의적 관점을 거부했습니다. 성경의 진리들은 초자연적인 것이 아니므로 성경의 진리를 전달하기 위한 초자연적 작용을 믿을 필요가 없었기 때문입니다. 이런 확신은 신복원 신학자들이 자신들의 시대에 발아하는 성경 비평에 참여함으로써 지지되었습니다.

창세기와 다른 성경책들의 다양한 배경 자료에 대한 분석은 성경의 구성이 전적으로 자연적인 과정으로 된 것이었고 초자연적 섭리 때문에 지휘가 이루어진 것이 아니라는 확신을 신복원 신학자들에게 심는 경향이 있었습니다.

7. 이성과 계시의 조화

신복원 신학자들은 그런 관점을 가지고 이성과 계시의 조화에 그리고 자연과 초자연 사이의 적대를 극복하는 일에 헌신했습니다. 이 헌신은 신복원 신학자들을 정통주의 신학과 극단적 합리주의자들 모두를 반대하는 자리에 두었습니다.

신복원 신학자들은 정통주의 신학자들에 반대하면서 계시가 인간 이성을 초월한다는 점을 지지하지 않았습니다. 오히려 그들은 계시가 충분히 합리적이라고 주장했습니다. 동시에 더 극단적인 합리주의자들과는 달리 신복원 신학자들은 이성이 자율적이고 계시를 대체할 수 있다고 주장하지는 않았습니다.

비록 계시의 내용은 충분히 합리적이지만, 그렇다고 하여 계시가 불필요하게 되는 것은 아니라고 생각한 것입니다. 오히려 인류는 자연 종교의 진리들을 원래 계시를 통해서 받았고, 결과적으로 인류가 자연 종교로 돌아가도록 돕는 데 계시가 필요했다고 보았습니다.

8. 신조의 도외시와 맞물린 성경해석학의 문제

계시의 영감에 대한 비평적 태도가 신복원 신학자들이 성경의 유효성을 거부하도록 유발하지는 않았습니다. 예를 들어, 하이마호스와는 달리 그들은 사도들의 진실함과 정직성에 의문을 가지지 않았습니다.

반대로 신복원 신학자들은 신조의 확립을 통하여 복잡한 교리들을 만드는 정통주의 신학의 증식에 대한 완전한 해독제를 성경 안에서 보았습니다. 그들이 주장하는 바는 성경이 비록 인간 사고의 산물이지만 권위주의적이고 초자연주의적인 울림과 함께 정통주의 신학의 추정적이고 이해

불가한 교리적 체계와는 대조적으로 자연 종교의 단순성에 대한 증언을 가진다는 점입니다.

그런고로 신복원 신학과 정통주의 신학 사이에 근원적인 불일치 중 하나는 성경해석학의 문제, 즉 성경을 어떻게 해석하느냐의 문제였습니다. 정통주의 신학자들은 교회의 신조들은 성경의 의미를 표현하므로 성경의 의미에 도달하게 하는 유일하며 확실한 안내자라고 주장했습니다. 신복원 신학자들은 성경과 신조를 대조하고 신조가 성경의 의미를 뒤틀어 버렸다고 주장했습니다. 그들은 자신의 성경해석학적 안내로서 신조의 자리에 자연 종교의 개념과 실천적 삶에 대한 자연 종교의 관계성을 도입했습니다.

결과적으로 다양한 신복원 신학자가 원죄, 형벌적 배상에 의한 속죄 그리고 삼위일체와 같은 교리들을 포기하기 시작했는데, 이는 그 교리들이 실천적인 기독교적 삶에 대한 중요성이 결핍되었을 뿐만 아니라 그 교리들이 성경에서 충분히 증명되지 않는다고 보았기 때문이었습니다.

이런 성경해석학의 문제에 더하여 신복원 신학자들은 교회일치 운동에 관심을 가졌습니다. 나중의 신학적 자유주의자들처럼 그들은 교리는 본질에서 분할시키고 기독교인들을 비본질적 신념에 기초하여 불필요하게 분리한다고 확신했습니다.

9. 예수의 신성을 부인함

놀랍지 않게, 신복원 신학자들은 예수 그리스도의 정통적인 이해에 들러붙지 않았습니다. 특히, 삼위일체 교리가 특별한 비판에 처했습니다. 예를 들어, 예후살렘은 성경과 삼위일체 사상의 전통 사이에 있는 가정된 연속성을 공격했습니다. 예후살렘은 초대교회 지도자들 가운데 의견의 다양성에 시선을 끌었습니다.

더 나아가 그는 초대 교부들의 언급이 너무 불명확하고 모호하여 삼위일체 교리의 찬성자들과 반대자들 모두 자신의 사상을 지지하는 것으로 받아들일 수 있었다고 주장했습니다. 분명히 그들 중 일부, 분명히 저스틴 마터(Justin Martyr, 약 100-약 165)는 적어도 후대의 기준에 의하면 명백하게 정통주의자가 아니었습니다.

마지막으로 예후살렘은 지적합니다. 플라톤에 의해 가장 영향을 많이 받은 교부들은 대개 삼위일체 교리를 지지하는 사람들이지만 클레멘트(Titus Flavius Clemens, 약 150-약 215), 바나바(Barnabas) 그리고 폴리캅(Polycarp, 69-155)과 같은 비플라톤주의적 저자들은 신약성경의 가르침과 가장 비슷한 가르침을 베푸신 그리스도께 신성을 귀속시키는 일에 있어서는 과묵한 저술들을 썼다고 말입니다.

이렇게 예후살렘은 교리적 발전과 다양성의 개념을 도입했습니다. 신복원 신학자들은 삼위일체 및 다른 교리들에 대하여 잠재적으로 심각한 일격을 가했습니다. 그들은 교리적 전통에 대한 바람직하지 않은 결과들과 함께 성경과 신조 사이의 불연속성을 제시했던 것입니다.

10. 예후살렘의 자의적 신약 해석

신약성경의 해석과 관련하여 예후살렘은 "아버지는 나보다 크시다"라는 예수님의 언급에 의해 감동받았습니다. 이 구절은 예후살렘에게 해석학적 기준으로 기능했습니다. 그리하여 이 기준에 의하여 모든 다른 기독론적 언급이 판단을 받았는데, 왜냐하면 이 구절은 분명하게 예수님이 성부 하나님께 종속됨을 확언하는 것으로 보였기 때문입니다.

예후살렘은 또한 예수님이 요한복음 서두에서 말하는 로고스라고 명백하게 주장하지 않았다는 점에 상당히 강조점을 두었습니다. 예후살렘이 주장한 바는 로고스에 대한 우리의 이해를 고대 유대인의 사고방식으로부터 가져와야지 필로의 플라톤화된 신학으로부터 취하면 안 된다는 것입니다.

만일 우리가 로고스를 예후살렘의 주장대로 이해한다면 요한복음의 로고스는 선재하는 존재로 보이는 것이 아니라 오히려 단순히 성부 하나님에 대한 예수님의 메시지로 보일 것입니다. 결과적으로 삼위일체의 제2위격이 인성과 연합하는 문제와 관련된 성육신에 대한 정통주의 관점은 성경적 보증 없이 판단을 받게 됩니다. 예수님은 성육신하신 하나님이 아니라 오히려 그저 하나님에 대한 최고의 선포자가 되고 마는 것입니다.

이 예는 신복원 신학자들의 전략을 드러냅니다. 즉, 성경의 참된 가르침에 대한 충성을 고백하면서도, 성경은 종종 정통주의 신학자들이 제안하는 의미를 말하지 않는다고 역사적이며 철학적인 토대 위에서 주장하며, 기독교 신앙의 초자연적 영역을 축소하고 성경이 그들의 자연 종교에 대한 사상과 어울린다는 개정된 해석을 제안하는 것입니다.

11. 레싱과 신복원 신학자들의 비교

신복원 신학의 결과적인 소멸은 G. E. 레싱(Gotthold Ephraim Lessing, 1729-1781)의 비평에 의해 미리 알려졌습니다. 비록 레싱의 신학과 신복원 신학자들 사이의 유사점이 있지만 레싱은 신복원 신학자들의 이성과 계시의 이해에 반대했습니다.

레싱의 신학을 분별하는 일은 학자에게 도전을 제시하지만, 적어도 단순한 도덕적 진리의 핵심을 가지고 또한 삼위일체와 같은 교리들에 대한 뒤이은 거부와 함께 계시의 내용을 식별하려는 신복원 신학자들의 시도에 레싱이 반대했다는 것은 말할 수 있습니다.

그런 교리들에 대한 레싱의 태도는 다소 복잡합니다. 그러나 그의 전반적인 접근은 분명합니다. 신복원 신학자들처럼 레싱은 이 교리들을 액면 그대로 받아들일 수 없었습니다.

그러나 신복원 신학자들과는 다르게, 레싱은 교리들이 적절한 철학적 사고와 합리적 이해를 통하여 해방될 수 있는 중요한 진리들을 포함하고 있다는 점을 믿었습니다. 예를 들어, 레싱은 G. W. F. 헤겔(Georg Wilhelm Friedrich Hegel, 1770-1831)과 같은 후기 이상주의자들의 삼위일체 교리를 예상하게 하는 분석에 삼위일체 교리를 맡겨 두었습니다. 전적으로 추정적 방식으로 연역된 하나님의 영원한 존재에 대한 완전히 이성적인 진리로서 삼위일체 교리는 이런 분석으로부터 등장합니다.

간단히 말해, 레싱은 통상적 판단 가운데 정통 교리들을 단순히 수용하는 것의 불가능성에 있어서 신복원 신학자들에게 동의했습니다. 반면 레싱은 교리들을 단순히 통틀어서 거부하는 것과 계시를 최소한의 합리적이고 도덕적인 내용으로 축소하는 것에 대한 거부감을 가지고 있었고, 이 점에서 신복원 신학자들과 일치하지 않았습니다.

이런 방식으로 19세기에 개신교 신학 안에서 주된 발전을 가리킨 것은 신복원 신학자들이 아니라 레싱이었던 것입니다.

참고 문헌 및 더 읽을 자료들

Allison, Henry E. *Lessing and the Enlightenment: His Philosophy of Religion and Its Relation to Eighteenth-Century Thought*. Ann Arbor, MI. : The University of Michigan Press, 1966.

Aner, Karl. *Die Theologie der Lessingzeit*. Hildesheim: G. Olms, 1964.

Barth, Karl. *Protestant Theology in the Nineteenth Century: Its Background and History*. London: S. C. M. Press, 1972.

Hirsch, Emanuel. *Geschichte der neueren evangelischen Theologie*. Volume 4. Gütersloh: Bertelsmann, 1949-1954.

Jerusalem, Johann Friedrich Wilhelm. *Betrachtungen über die vornehmsten Wahrheiten der Religion*. Edited by Wolfgang Erich Müller. *Niedersächsische Bibliothek Geistlicher Texte*, vol. 2. Hanover: Lutherisches Verlagshaus, 1991.

Lütcke, Karl-Heinrich. "Glaubwürdigkeit durch Bildung. Zum Pfarrerbild und zurSicht der Theologienausbildung in der Neologie (besonders bei Spaulding und Lüdke)." *450 Jahre evangelische Theologie in Berlin*. Edited by Gerhard Beiser and Christof Gestrich. Göttingen: Verlag Vandenhoeck & Ruprecht, 1989.

Müller, Wolfgang Erich. "Von der Eigenständigkeit der Neologie Jerusalems." *Neue Zeitschrift für systematische Theologie*. 26 (1984): 289-309.

===== 부록 3 =====

네덜란드 국가교회 내 복음송의 도입:
1834년 분리 운동 내에서의 반응[1]

리이멀 파벌(Riemer Faber) 박사

University of Waterloo 고전학 교수

1. 서론

1834년의 분리는 네덜란드 국가교회(Nederlands Hervormde Kerk) 내에서의 자유주의와 거짓 교회 정치에 대항하는 하나의 운동이었습니다. 그 결과로 국가교회로부터 일부 회중의 분리가 일어났습니다.

복음송(Evangelische Gezangen), 즉 종교적 노래(spiritual songs)의 모음집이 교회에서 사용되었는데 이는 분리 운동에서 중요한 역할을 했습니다. 왜냐하면, 복음송은 도입된 내용과 양식 모두에서 성경적 진리와 개혁 신앙으로부터 탈선한 증거로 보였기 때문입니다. 그래서 복음송은 분리 운동을 위한 촉매가 되었고 새로운 회중의 공식적 결정에 하나의 요인이 되었습니다.

---

1 편역자 주: 원 자료는 다음과 같다. Riemer Faber, "The Introduction of Evangelical Hymns in the Dutch Reformed Churches: The Reaction in the Secession of 1834", *Clarion*, 2003, vol. 52, 582-585. 편역자는 원문을 번역하고 본서의 부록으로 사용할 수 있도록 그리고 블로그에서 공유 할 수 있도록 기꺼이 허락해 주신 파벌 교수님께 감사의 뜻을 표함. 다음 블로그에서 누구나 동일 내용을 pdf 파일로 받을 수 있음. https://catechism.tistory.com/1164 편역자가 붙인 각주는 '편역자 주'로 표기 했음.

실로 예배 중에 종교적 노래를 부르는 일은 19세기 초반에 매우 넓고 진지하게 논의되었고, 이른바 "찬송 논쟁"(Gezangenkwestie)은 네덜란드 개혁교회에 세대를 걸쳐 영향을 미쳤습니다. 비성경적이고 인위적인 노래에 대한 조심스러운 태도는 분리된 교회들의 특징이 되었습니다. 그리고 결과적으로 네덜란드 개혁교회들(해방파)과 그들의 선조들인 개혁교회들(Gereformeerde Kerken)을 통하여 캐나다 개혁교회에 전달되었습니다.

복음송은 다양한 배경을 가진 여러 시인에 의해 작곡된 192편의 종교적 노래들로 되어 있습니다. 이 시인 중에 주목할 만한 사람들은 크리스티안 헬렛트(Christian Gellert, 1715-1769), 프리드리히 클롭스톡(Friedrich Klopstock, 1724-1803), 헤이올흐 느우말크(Georg Neumark, 1621-1681), 요도커스 판 로던스테인(Jodocus van Lodenstein, 1620-1677) 그리고 아이작 왓츠(Issac Watts, 1674-1748)입니다.

광범위한 주제들이 사용되었는데 하나님과 그분의 속성, 믿음과 신뢰, 기도 그리고 죽음과 불멸에 대한 묵상을 포함합니다. 주제와 어조에 있어서 이 노래들은 다양한 신학적 및 철학적 개념을 포함하는데, 알미니우스주의, 합리주의, 청교도주의, 이신론 그리고 관용론을 포함합니다.

비개혁파적인 노래 중 하나는 72번 찬송인데, 동료에 대한 동정심으로부터 필요할 때 도움을 제공하는 사람을 위한 축복의 노래입니다. 이 노래는 인간의 능력과 노력이 높이 존중되어야 함을 함축합니다.

특별히 19세기에 정통 신자들이 싫어했던 것은 31번 찬송이었습니다. 이 찬송은 "오 인간이여 너의 가치를 깨달으라"는 말로 시작합니다. 77번 찬송은 공덕을 지성 및 인내와 결합함으로써 인간의 노력에 의해 구원을 얻을 수 있다는 점을 제시한다는 이유로 알미니우스주의 노래로 일컬어졌습니다.

21, 43, 62 그리고 68번 찬송은 판 로던스테인이 쓴 시들인데 경건주의적 요소들이 발견됩니다. 그러나 확실히 이들 중 몇몇 찬송은 심지어 가

장 가혹한 개혁파 진영의 비평에 의해 승인되었습니다. 하지만 찬송의 사상, 어조 및 음조에 의해 주어진 전체적 인상은 그 찬송들이 17-18세기의 비정통적이고 세속적인 가치관을 많이 반영한다는 것입니다. 분리 운동의 리더들은 이 찬송집의 약점을 항변파적이고 초자연주의적이라는 꼬리표를 붙임으로 요약했습니다.

네덜란드 국가교회 최고위원회가 지명한 협의회에서 편찬한 복음송집은 1807년 주지사들의 명령으로 사용되었습니다. 확대 회의를 통한 교회의 조언이 불필요하다고 판단한 교회 관리 기관(Kerkbestuur)은 이 복음송집을 사용하지 않는 목회자들을 면직하겠다고 위협했습니다. 교회를 일탈로 이끄는 잘못된 가르침을 포함한 것으로 인식된 복음송은 분리 운동 지도자들의 비평에서 두드러지게 나타납니다.

2. 분리 운동 지도자들의 관점

1) H. P. 스콜터

이들 지도자 중 한 명인 스콜터(Hendrik Peter Scholte, 1805-1868)는 네덜란드 국가교회 내에서 교리적 및 교회론적 표준의 타락을 다음과 같이 요약했습니다.[2]

---

[2] In "Merkwaardig voorbeeld van Hedendaagsche Verdraagzaamheid van het Nederlands Hervormd Kerkbestuur", 21-33, and "Vervolg der Liefdelooze Handelingen van het Zoogenaamd Hervormd Kerkbestuur…", 58-154, in *Officiële Stukken Betreffende den Uitgang uit het Nederlandsch Hervormd Kerkgenootschap*, ed. H. P. Scholte, A. Brummelkamp, et al. 2nd edition. Kampen, 1886.

관용주의와 자유주의 때문에 비개혁파적 가르침과 행위가 교회에 들어왔습니다. 18세기 동안 계몽주의 및 칭송받은 문명화는 사람들을 이끌어 개혁파 가르침이 시대에 뒤떨어지고 부적합한 것으로 믿게 했습니다. 결과적으로 교리문답 교육은 피상적이 되었고 설교단은 더 이상 신자들을 건전한 성경적 교리로 인도하는 수단으로서 섬길 수 없게 되었습니다. 본질적인 개혁파 가르침 대신에 목회자들은 얄팍한 사랑, 평화, 그리고 인내를 촉진했습니다. 이런 것들은 복음의 양날 가진 검이 아니라 인본주의의 원리에 기초하는 것들이었습니다.

스콜터는 1618년 도르트 총회의 결정에 따라 예배 중에 불러야 할 150편의 시편 찬송에 대한 변화된 태도 가운데, 신학적 및 교회론적 기준의 퇴보를 보았습니다. 스콜터는 빈정대는 어조로 자유주의 지도자들이 운율 시편 찬송가를 부르는 "문제의 해결" 방식에 관해 씁니다.

시편 찬송이 포기될 수 없다는 점에 비추어, 자유주의자들이 말하는 바에 따르면 시편 찬송은 충족된 복음의 정신과 어조로 작곡된 종교적인 노래들 때문에 "보충"될 수 있었습니다. 스콜터는 모든 시대의 모든 장소에서 교회는 시편 찬송을 불렀다는 점과 사도들은 회중의 건덕을 위해 시편을 사용했다는 점을 독자들에게 상기시킵니다. 그러나 그 자신의 시대에 복음송 모음집이 만들어졌고, 그 안에서 "개혁파 신자들을 제외한 모든 부류의 노래 부르는 자들을 위한 모든 부류의 재료가 발견되었습니다."

스콜터는 현대 사상가들에 의해 촉진된 한심한 관용과 "소위 말하는 사랑"에 특별히 반응합니다. 그는 70번 찬송을 생각하는 것으로 보입니다. 이 찬송은 원수를 향한 사랑에 대한 것입니다. 이 시는 사랑이 모든 것을 정복하는 것과 적의 맹공을 당하는 것이 고상한 미덕임을 강조함으로써 의인과 악인 사이의 대조를 억압합니다.

스콜터는 특별히 자신의 교리문답 설교에서 복음송 안에 있는 이런 점과 또한 다른 비개혁파적인 가르침을 드러냈습니다. 그러나 이것은 그가 복음송 부르기를 전적으로 거부하거나 아니면 복음송집 안에 있는 시들 중 일부를 감사하게 여기지 않았음을 함축하지는 않습니다.

스콜터는 판 로던스테인의 시들을 좋아했습니다. 분명 그 안에는 청교도적 요소들이 있었지만 말입니다. 또한, 스콜터는 그 자신 및 다른 정통주의 신자들이 살았던 박해의 시기에 어울리는 로던스테인의 분쟁에 관한 시(네덜란드어 - "strijdliederen")[3]에도 관심을 기울였습니다.

2) 헨드릭 더 콕

헨드릭 더 콕(Hendrik de Cock, 1801-1842)은 분리 운동의 가장 유명한 지도자인데 복음송을 공격하는 강한 어투로 쓴 책자[4]를 통해 신자들에게 영향을 미쳤습니다. 가장 널리 인용되는 글은 복음송집을 맹렬히 비난하는 소책자의 도입부입니다.

여기에서 더 콕은 복음송을 "개혁파 신자들을 구원으로 인도하는 교리로부터 유혹해 내는 사이렌(Siren)의 사랑 노래"로 묘사합니다.[5] 그리스 신화의 사이렌이 노래를 불러서 선원들이 올바른 항로에서 벗어나게 하고 배가 바위에 부딪혀 침몰하게 하는 것처럼 복음송도 매혹적인 이단 사설을 가지고 개혁파 신자들을 정통주의의 경로에서 끌어낸다고 본 것입니다.

더 콕은 복음송들이 예견적 믿음에 근거하는 조건적 선택, 보편 속죄, 부분 부패 그리고 다른 알미니우스주의 개념들로 특징지어졌고, 이는 인간 이성의 능력이 옹호되고 문화적 진보가 칭송받고, 동료에 대한 관용이

---

3   편역자 주: 군가 혹은 전투가라는 뜻임.
4   편역자 주: 이 책자의 서지사항은 제3장 각주 10번을 참조하라.
5   J. Verhagen, *De Geschiedenis der Christelijke Gereformeerde Kerk in Nederland* (Amsterdam, 1881), 140.

촉진되는 시대에 그리스도인의 삶에 호소하려는 것이라고 보았습니다.

복음송의 내용은 일치를 이루는 세 신앙 규범의 가르침과 대립했습니다. 더 콕은 복음송집을 "소위 말하는 복음송"이라고 불렀습니다. 이것이 함축하는 바는 복음송이 불신자들에 대한 정죄와 의인들에 대한 구원이라는 온전한 복음에 부합하지 않는다는 점이었습니다. 독자는 분리 운동의 시기와 그 이후로 더 콕이 공예배 시에 시편 찬송만을 부르도록 요구한 점에 놀라지 않을 것입니다.

3) A. 브루멀캄프

안토니 브루멀캄프(Anthony Brummelkamp, 1811-1888)는 복음송 자체에 반대하지는 않았습니다. 오히려 복음송이 회중에 억지로 요구되었다는 사실 그리고 자신이 섬겼던 많은 교인에게 복음송이 던진 장애물에 반대했습니다.

독자들은 여러 해 동안 총회가 열리지 못했고 교회는 협의회에 의해 통치되었다는 사실을 기억할 것입니다. 이것이 브루멀캄프에게 의미한 것은 1618년 도르트 총회에서 결정된 것이 계속 유효하다는 점이었는데, 공예배 시에 다윗의 시편이 사용되어야 한다는 점이 여기에 포함됩니다.

1835년 8월에 교회 정치 협의회가 헬덜란트(Gelderland)주에서 열렸을 때 브루멀캄프는 복음송 부르기를 더 이상 요구하지 않을 것이라고 하텀(Hattem) 회중에게 선언했는지 확인하도록 요청받았습니다. 브루멀캄프는 이렇게 답변했습니다. 복음송의 정신과 음색 그리고 복음송을 회중에 도입하는 동기가 개혁파 교리에 상반되고, 종교적인 노래에 공감하지 못하는 많은 신자에게 장애물이 되었다고 말입니다.

결국, 브루멀캄프는 도르트 총회의 결정 중 하나를 취소한 현 총회의 결정을 알지 못하므로 자신이 교회 질서에 위반되게 행한 것으로 생각하

지 않았다고 기록합니다.[6]

브루멀캄프는 "찬송 논쟁"이 그리스도인의 양심을 찌르는 문제가 되었음을 깨달았고 자신의 회중 가운데 정통주의 교인들은 강요된 대로 예배 중에 하나의 복음송을 부르는 일을 반대했습니다. 일부 회중은 마지막 복음송을 부르기 전에 교회 밖으로 나가 버렸습니다. 다른 사람들은 과시하듯 모자를 쓰거나 복음송을 부르는 동안 일어섰습니다.

브루멀캄프는 그들이 복음송을 부르는 일을 통해 교회 안으로 잘못된 가르침이 들어오고 있는 것을 우려하면서 반대하고 있음을 알았습니다. 브루멀캄프의 관점에서 볼 때, 모든 일이 정숙하고 질서 있게 되도록 책임을 진 목회자로서 그의 의무는 부과된 규칙으로부터 나온 혼란인 "찬송 논쟁"에 의해 손상되고 있었습니다.

브루멀캄프 목사의 행동을 판단하면서 교회 통치기관의 고려사항 중 하나는 공예배 중에 복음송을 불러야 한다는 1807년 1월 1일 지방 대회의 결정에 따르기를 거부한 것입니다. 그러므로 브루멀캄프는 1816년에 도입된 교회 통치 기관(Hervormd Kerkbestuur)의 권위에 반대하고 있었습니다.

복음송을 부르도록 제시하기를 거부한 것에 대하여 브루멀캄프에 대한 징계가 결정되었지만, 브루멀캄프는 복음송을 부르지는 않는 것은 그 자체로 자신을 면직하기에 불충분한 근거라고 정확하게 지적했습니다. 다시 말해, 브루멀캄프는 복음송 부르기 문제에 할당되어야 할 합당한 가치를 알았고, 위기에 처한 것은 종교적인 노래들이라기보다는 비개혁파적 내용을 가진 특정한 노래들이라는 점도 알았습니다.

---

6   *In Officiëele Stukken*, 310-311.

3. 1834년의 분리

　분리 측의 공적 언급이 규정된 '분리 또는 복귀에 대한 결의'[7] 안에서 새로 형성된 회중은 "우리의 공예배가 유서 깊은 교회 예전에 따라 인도받기를" 희망한다고 표현했습니다. 시편 찬송에 관해서 본다면, 이는 1773년에 출간된 운율 시편 찬송 집으로 돌아감을 의미했습니다. 엄밀히 말하면 이 변화는 총회의 규제에 반대하는 것이었습니다. 그리고 수많은 분리 운동 신자의 초기 예배는 시장, 경찰, 또는 군인에 의해 방해받았습니다.

　위협 또는 실제적인 방해에 반응하여 정통주의 신자들은 표준적인 칼빈주의의 "군가"(battle song)인 시편 68:1-2를 부르곤 했습니다. 찬송 집에서 1절은 "하나님이 능력으로 일어나실 것이니 / 그의 모든 대적은 도망갈 것이요…"로 시작합니다. 그리하여 2절은 이렇게 시작합니다. "그러나 의인은 기뻐 외칠 것이요 / 하나님의 승리의 권능 안에서 기뻐할지어다."

　분리 운동의 몇몇 지도자는 교회 및 국가의 법률 위반으로 수감되었습니다. 그들 중에 1834년 11월에 체포된 스콜터가 있었습니다. 스콜터는 수감 기간 그의 일상을 기록했습니다. 하루는 성경 읽기, 기도 그리고 시편 찬송으로 마무리되었습니다. 어느 날 밤, 시편 34편 찬송가를 부름으로 그의 영혼이 고무된 후에 스콜터는 이렇게 기록합니다.

　　그리스도인들이 한때 진정한 영적 필요가 무엇인지 배우고 나서, 신적 위로의 넘치는 자원인 다윗의 시편 속에서 충분한 자양분을 발견하는 것이 아니라 오히려 가치 있는 시편 찬송을 교회로부터 제거하려는 목적으로 도입

7　편역자 주: 이 선언의 전문은 부록 5를 보라.

된 인간적인 노래들을 여전히 갈망하고 추구하는 것이 어떻게 가능하다는 말인가!

그만큼 시대정신은 세속적이고 피상적인 판단으로 감각을 오도할 수 있다.[8]

시간이 흘러 분리 운동 교회들은 정부 그리고 법을 집행하도록 지명된 사람들에 의해 용인되었습니다. 회중이 세워졌을 때 예배 중에 회중 찬송과 관련한 특정한 관례가 발전되었습니다. 일부 회중은 1566년 다윗의 시편집을 사용하면서 고풍의 운문으로 돌아갔으며, 다수는 1773년판 운율 시편집을 사용했고, 매우 일부의 경우에 예배 중 하나의 복음송을 부르는 관습이 유지되었습니다.

이제 목회자들은 공예배 시에 부를 시편송을 선택하고 1편부터 150편까지 순서대로 부르는 관습을 버렸습니다. 이런 변화는 회중 찬송이 예전(禮典)과 설교 본문에 더욱 밀착되도록 했습니다. 일반적으로 시편 찬송가 부르기로 돌아간 것은 네덜란드 개혁교회가 칼빈주의적 뿌리로 그리고 1618년 도르트 총회에 의해 제시된 연합의 초기 형태로 돌아가려고 의식적으로 노력했기 때문입니다.

시편 찬송 부르기는 집에서나 교회에서나 분리 운동 신자들의 핵심적인 활동의 일부였습니다. 시편 찬송 부르기는 항상 기쁨, 위로, 공동체, 자유, 그리고 교회와의 연합이라는 감각을 그들에게 주었습니다.

---

[8] *In Officiëele Stukken*, 72.

4. 결론

시편송, 복음송, 종교적 노래 부르기에 관한 역사 안에서 전술한 내용으로부터 볼 때, 1834년의 분리 운동은 매우 중요한 것이었습니다. 알미니우스주의적 그리고 합리주의적 내용 중에서 성경적 가르침과 개혁파 신앙고백에 상충되는 복음송 부르기에 대한 혐오는 네덜란드 국가교회 내에서의 자유주의적인 경향과 증대되는 부적절한 통치에 대한 정통주의 신자들의 반응에 밀접하게 연결되어 있었습니다.

분리 운동 교회의 첫 총회는 오직 시편 찬송만 불러야 한다는 점을 결정했습니다. 그러나 공예배가 아닌 상황에서 종교적 노래들을 부르는 것은 통상적이었음을 덧붙여야 합니다. 분리 운동 사람들이 국가교회를 떠나지 않은 사람들과 만난 자리에서는 이 문제와 관련하여 불화가 거의 없었던 것으로 보입니다. 이는 많은 분리 운동 신자들이 찬송과 관련한 문제를 왜곡하지 않았거나 혹은 받아 마땅한 이상의 비중을 이 문제에 두지 않았음을 드러냅니다.

그러나 분리 운동은 동시대적이고 인위적인 종교성을 가진 노래들을 통한 이단의 유입 가능성을 식별했습니다. 분리 운동의 지도자들은 특정한 종교적 노래들 가운데 촉진된 가르침에 초점을 둠으로써 성경과 개혁 신앙의 가르침에 대조되는 철학 그리고 대중적 신념 안에 있는 조류에 주목했습니다.

더욱이 그들은 복음송의 비성경적 언어와 세속적 음조에 관해 신자들에게 경종을 울렸습니다. 개혁 신앙에 계몽주의 사상을 결합하려는 동시대적 사조를 식별하는 가운데 분리 운동은 인위적인 곡들이 대중적 신념 또는 철학 속에 흐르는 사상을 도입할 수 있다는 교훈을 가르쳤습니다.

우리는 또한 분리 운동이 종교적 찬송 자체를 부르는 일에 반대하지 않았음을 지적할 수 있습니다. 오히려 분리 운동은 복음송 안에 포함된 시의 '내용'에 반대했습니다. 분리 운동 지도자들은 성경이나 신앙고백으로부터 나온 찬송을 사용하는 것에 대항하여 왈가왈부하지 않았습니다. 성경은 종교적 노래를 부르는 것을 명하지도 금하지도 않습니다.

분리 측이 반대한 것은 네덜란드 국가교회의 공적 찬송집 안에 포함된 많은 노래 안에 있는 비성경적이고 비개혁파적인 가르침입니다.

분리 운동 지도자들은 시편 찬송의 사용을 적극적으로 주장했습니다. 분리 운동은 구약의 시편 부르기를 촉진하면서 네덜란드 개혁교회의 칼빈주의적 근원으로 그리고 도르트 총회에서 결정된 교회의 원리와 실천으로 돌아갔습니다.

보편교회가 150편의 시편 찬송이라는 금고를 보유하고 있음을 가리킴으로써, 시편이 초대 교회 신자들의 예전과 일상 속에서 기능했음을 말하는 신약의 구절들을 가리킴으로써, 시편의 구속사적 기능과 성경적 언어, 표현 및 의미를 보존하는 일의 중요성을 강조함으로써 분리 운동 교회들은 시편 찬송의 지속적 가치와 중요성을 우리에게 일깨우고 있습니다.

= 부록 4 =

벨기에 신앙고백 27-29항[1]

1. 벨기에 신앙고백 27항

우리는 하나의 보편적 또는 공통의 교회를 믿습니다. 이 교회는 참된 기독교 신자들의 거룩한 회중이자 모임이며, 이들은 그들의 온전한 구원을 예수 그리스도 안에서 기다리며 그분의 피에 의해 씻음 받고 성령에 의해 거룩하게 되고 인침을 받습니다.

이 교회는 세상의 처음부터 존재해 왔고 마지막까지 존재할 것입니다. 왜냐하면, 그리스도는 백성 없이 계실 수 없는 영원한 왕이신 까닭입니다. 이 거룩한 교회는 비록 얼마 동안 사람의 눈에는 매우 작고 사라진 것처럼 보일지라도, 온 세상의 분노에 대항하여 하나님에 의해 보존됩니다. 그러므로 아합의 위협적인 통치 기간 주님은 자신을 위하여 바알에 무릎 꿇지 않은 칠천 명을 지켜 주셨습니다.

더욱이 이 거룩한 교회는 하나의 특정한 장소나 특정한 사람들에게 국한되거나 제한되지 않으며, 오히려 온 세상에 퍼져 있고 분산되어 있습니다. 그러나 이 거룩한 교회는 믿음의 능력에 의해 한 분이신 동일한 성령 안에서 마음과 뜻이 연결되고 연합되어 있습니다.

---

[1] 번역을 위해 참고한 영문 자료의 출처는 다음과 같다. https://canrc.org/the-belgic-confession.

2. 벨기에 신앙고백 28항

우리는 이 거룩한 회집과 회중이 구속받은 모임이며 이 밖에는 구원이 없으므로 누구라도 자신의 신분이나 지위가 어떠하든지 스스로 만족하고 이 모임으로부터 떨어져 나가면 안 됨을 믿습니다.

오히려 각각의 모든 사람은 교회의 연합을 유지하면서 교회에 가입하고 연합되어야 합니다. 그들은 반드시 교회의 지도와 훈육에 순종해야 하고, 예수 그리스도의 멍에 아래 자신의 목을 굽혀야 하며, 하나님께서 동일한 몸의 지체로서 그들에게 주신 은사들을 따라 형제자매들의 건덕을 위해 섬겨야 합니다.

이 연합을 더 효과적으로 보존하기 위해, 하나님의 말씀을 따라서 교회에 속하지 않는 사람들로부터 분리하고 하나님께서 교회를 세우시는 곳은 어디든지 이 회집에 가입하는 것이 모든 신자의 의무입니다. 그들은 비록 통치자들과 왕들의 명령이 그에 반대되더라도 그리고 죽음이나 물리적 형벌이 따르더라도 그렇게 해야 합니다.

그러므로 교회로부터 떨어져 나가거나 교회에 가입하지 않는 모든 사람은 하나님의 법령에 역행하는 것입니다.

3. 벨기에 신앙고백 29항

우리는 무엇이 참교회인지 하나님의 말씀으로부터 부지런히 그리고 매우 신중하게 분별해야 함을 믿습니다. 왜냐하면, 오늘날 세상 속에 있는 모든 분파가 그들 스스로 교회라는 이름을 차지하기 때문입니다. 우리는 여기에서 외적으로 교회 안에 있더라도 아직 교회의 일부가 아니면서 선한 사람들과 함께 교회 안에 섞여 있는 위선자를 말하는 것이 아닙니다.

우리는 스스로 교회라고 부르는 모든 분파로부터 구별되어야 하는 참교회의 몸과 교통을 말하고 있습니다.

참교회는 다음의 표지들에 의해 인식되어야 합니다.

참교회는 복음을 순수하게 설교합니다. 참교회는 그리스도께서 제정하신 대로 성례의 순수한 시행을 지속합니다. 참교회는 죄를 교정하고 벌하기 위해 교회 권징을 시행합니다. 간단히 말해, 참교회는 하나님의 순수한 말씀에 따라 그 자신을 다스리며, 하나님의 순수한 말씀에 어긋나는 모든 것을 거절하며, 유일한 머리로서 예수 그리스도를 존귀하게 여깁니다. 이로써 참교회는 분명히 알려질 수 있고 아무도 참교회로부터 이탈할 권리를 가지지 않습니다.

교회에 속한 사람들은 그리스도인들의 표지에 의해 인식될 수 있습니다. 그들은 예수 그리스도를 유일한 구주로 믿으며, 죄로부터 피하고, 의를 추구하며, 좌우로 눈을 돌리지 않은 채 참되신 하나님과 그들의 이웃을 사랑하고, 그들의 정욕과 그 행위들을 십자가에 못 박습니다. 비록 그들 안에 연약함이 많이 남아 있지만, 그들은 그들의 일생 성령으로 말미암아 그것에 대항하여 싸웁니다. 그들은 예수 그리스도의 피, 고난, 죽으심, 순종에 끊임없이 호소하는데, 그들은 예수 그리스도를 믿음으로 그들의 죄 사함을 얻었습니다.

거짓 교회는 하나님의 말씀보다는 그 자신과 그 자신의 법령에 더 많은 권위를 할당합니다. 거짓 교회는 그리스도의 멍에에 자신을 복종시키기를 원하지 않습니다. 거짓 교회는 그리스도께서 자신의 말씀 안에서 명하신 대로 성례를 시행하지 않고, 자신이 흡족한 대로 그것들에 더하거나 그것들로부터 제외합니다. 거짓 교회는 예수 그리스도보다는 사람에게 자신의 기초를 세웁니다. 거짓 교회는 하나님의 말씀에 따라 거룩한 삶을 살고 죄, 탐욕, 우상 숭배를 일삼는 거짓 교회를 질책하는 사람들을 핍박합니다.

이 두 교회는 쉽게 인식되고 서로 구별됩니다.

===== 부록 5 =====

분리 또는 복귀에 대한 결의[1]
(Acte van Afscheiding of Wederkeer, 1834)

1. 분리 또는 복귀에 대한 결의문

울룸(Ulrum)에 있는 예수 그리스도께 속한 개혁교회의 감독자들과 회원들인 우리 서명인들은 네덜란드 국가교회 속에서, 하나님의 말씀에 기초한 우리 조상들의 교리를 훼손하거나 부인함 속에서, 또한 하나님의 말씀에 있는 그리스도의 법령에 따라 거룩한 성례전을 집행하는 일의 퇴보 속에서, 그리고 교회 규율의 거의 완전한 부재 속에서 상당한 시간 동안 부패를 주목해 왔습니다. 이 모든 것은 우리의 개혁파 신앙고백[2] 29조에 따른 참된 교회의 표지들입니다.

하나님의 은혜로 우리 회중은 하나님의 말씀에 따라 우리 조상들의 순수한 교리를 우리에게 소개하고, 그 교리를 특정한 측면만이 아니라 전체적으로도 적용시켜 주신 목사이자 교사[3]를 맞아들였습니다.

---

1 번역을 위해 사용한 영문 자료의 출처는 다음과 같다. www.spindleworks.com/library/smith/scaneva.htm 비슷한 영문 번역본을 다음 자료들 가운데서도 확인할 수 있다. Marvin Kamps, *1834: Hendrik De Cock's Return to the True Church* (ich., Jenison: Reformed Free Publishing Association, 2014), 245-246. Cornelis Pronk, *A Goodly Heritage*, 94-96 (Kamps 책의 인용). "분리"는 거짓 교회로부터의 분리를, "복귀"는 하나님의 말씀과 신앙고백으로의 복귀를 의미한다. 네덜란드어는 다음의 자료에서 볼 수 있다. Gerard Keizer, *De Afscheiding van 1834* (Kampen: J. H. Kok, 1934), 575-576.
2 벨기에 신앙고백(Belgic Confession)을 말한다.
3 헨드릭 더 콕을 말한다.

결과적으로 우리 회중은 신앙의 규칙과 하나님의 거룩한 말씀(갈 6:16; 빌 3:16)에 따라 고백하고 행하도록, 또한 우리에게 헛된 것이라고 하나님의 말씀이 말하기 때문에(마 15:9) 인간의 계율에 따른 하나님에 대한 숭배로부터 멀어지도록, 그리고 동시에 하나님의 영원한 은혜 언약의 표지와 봉인을 모독하지 않도록 점점 더 동기 부여가 되었습니다.

이를 통해 우리 회중은 평화롭고 고요하게 살고 있었습니다. 그러나 이 평화와 고요는 어디에서나 사랑받고 존경받는 우리의 목사이자 교사가 지극히 부당하고 불경스러운 정직을 당함으로써 방해받았습니다. 이는 거짓 교리와 오염된 공예배에 저항하는 공적 증언 때문이었습니다.

지금까지 우리의 목사이자 교사와 함께 우리 회중은 조용하고 침착하게 행동해 왔습니다. 가장 합리적인 몇 가지 제안이 우리의 목사이자 교사 그리고 나머지 회중의 감독자들에 의해 제시되었습니다. 한 번 이상, 우리는 하나님의 말씀에 근거하고 그것에 기초하는 조사와 판단을 요청했습니다. 그러나 그것은 모두 수포로 돌아갔습니다.

교회의 노회, 지방 대회, 총회 위원회는 우리의 가장 합리적인 요청을 거부했고 오히려 모든 면에서 하나님의 말씀에 근거함을 보여 주지 않은 채 총회의 규정과 지시에 무조건적으로 순종할 것을 요구할 뿐만 아니라, 하나님의 거룩한 말씀으로부터 잘못된 것을 제시하지 않은 채 회개와 비통을 요구했습니다.

그렇게 함으로써, 이 네덜란드 교회 위원회는 우리 선조들에 의해 거부된 교황 교회와 같은 모습을 스스로 드러냈습니다. 앞서 언급한 부패가 발견될 뿐만 아니라 설상가상으로 교회의 법률과 결정을 통해 하나님의 말씀이 거부되거나 무력화되고 있으며(마 15:4; 23:4; 막 7:7, 8), 하나님의 말씀에 기록된 하나님 자신의 명령에 따라 그리스도 예수 안에서 경건하게 살기를 원하는 사람들을 박해하고(마 2:13; 5:11, 12; 10:23; 23:34; 눅 11:49;

12:12;⁴ 요 5:16; 15:20; 행 7:52; 9:4; 22:4, 7; 26:11, 14, 15; 롬 12:14; 고전 15:9; 갈 1:13, 23; 4:29; 빌 3:6; 살전 2:15; 계 12:13; 마 5:10; 13:21; 막 10:30; 행 8:1; 13:50; 롬 8:35; 고전 5:12;⁵ 고후 4:9; 12:10; 갈 5:11; 6:12; 살후 1:4; 딤후 3:11, 12), 사람들의 양심을 묶어 버렸습니다.

마지막으로, 우리 사이에 널리 알려진 교회의 교사로서 북부 브라반트(Brabant)주의 회스던(Heusden) 및 알테나(Altena) 지역에 있는 두퍼런(Doeveren) 및 핸더런(Genderen)에서 활동하는 개혁파 교사인 H. P. 스콜터(H. P. Scholte) 박사가 하나님의 말씀을 전파하는 것이 지방 교회 위원회의 권한으로 금지되었습니다. 또한, 공개적으로 열린 신자들의 공동 집회는 벌금으로 처벌되었습니다.

이 모든 것을 종합해 볼 때, 네덜란드 국가교회는 하나님의 말씀과 우리의 신앙고백 29조에 따르면 참된 교회가 아니라 거짓 교회라는 것이 상당히 명백합니다. 그런 까닭에 서명자들은 이와 함께 다음과 같이 선언합니다.

우리는 모든 신자의 임무(신앙고백 28조)에 따라 참된 교회에 속하지 않은 사람들로부터 분리하고, 따라서 주님께 대한 참된 예배로 돌아올 때까지 네덜란드 국가교회와 교제하기를 원하지 않는다고 말입니다.

동시에 우리는 모든 참된 개혁파 지체와 교제하기를 원하며, 하나님께서 어디에 모으시든지 하나님의 오류 없는 말씀에 기초한 모든 회집과 연합하기를 원한다고 선언하면서, 이와 함께 우리는 모든 일에서 우리의 유서 깊은 일치를 이루는 신앙규범들, 즉 벨기에 신앙고백, 하이델베르크 교리문답 그리고 1618-1619년에 열린 도르토 총회의 신조를 준수한다는 것을 증언합니다.

---

4   누가복음 12:11이 문맥에 부합한다.
5   고린도전서 4:12가 문맥에 부합한다.

우리의 공예배는 유서 깊은 교회의 예전을 따를 것이며, 예배와 교회 정치에 관해서 우리는 당분간 앞서 언급한 도르트 총회에서 작성된 교회 질서를 준수할 것입니다. 끝으로, 우리는 이로써 부당하게 정직당한 우리의 설교자를 합법적으로 부름받고 안수받은 우리의 목사이자 교사로서 계속 인정한다고 선언하는 바입니다.

2. 이 결의문에 대한 간단한 소개[6]

이 문서는 1834년의 분리(Afscheiding)로부터 나온 가장 중요한 열매들 중 하나입니다. 분리는 네덜란드 국가교회 내에서 현대주의의 영향 때문에 일어났습니다. 당시에 교회 안에 얼마나 부패한 것들이 있었는지 힌트를 얻으려면 이 점을 고려해 보십시오.

울룸의 목회자 헨드릭 더 콕은 목회자가 될 때까지 칼빈의 『기독교 강요』를 읽거나 들어 본 적이 없었습니다. 한 현대주의 목회자는 "도르트 신조를 읽기보다는 내 목을 매달겠다"라고 할 정도였습니다.[7] 정통으로

---

6 다음 자료에서 번역하였음. www.spindleworks.com/library/smith/scaneva.htm.
7 더 콕은 비록 매우 막연하게나마 도르트 신조에 서명했지만 그 책자를 결코 본 적이 없었습니다. 이와 관련하여 다음의 적용점을 참조하라.
"첫째, 한국 장로교회에서는 신앙고백이 유명무실한 점에서 1834년 이전의 네덜란드 교회와 비슷하다. 네덜란드에서도 목사 임직 때에 신앙고백을 가르치겠다고 서약하였지만 그렇게 하지 않았는데, 한국 장로교회에서도 그렇다. 목사 임직뿐 아니라 장로와 집사의 임직 때에도 웨스트민스터 신앙고백서와 대소요리문답을 자기의 신앙으로 고백한다고 하는데 실상은 그 내용을 모른다. 신학교에서도 웨스트민스터 신앙고백서를 가르치지 않거나 겨우 선택 과목으로 가르치는 정도이다. 따라서 목사도 신앙고백서를 모른다. 읽어 보지도 않고 자기의 신앙고백서로 고백한다는 것은 거짓 서약이고, 동시에 교회의 생활에서 신앙고백서가 아무런 역할을 하지 못하고 있다는 증거가 된다.
둘째, 신앙고백서가 교회의 생활에서 '(성경 말씀의 본질적이고 근원적인 권위에서) 파생된 권위'로서 제 역할을 감당하지 못하기 때문에 교회의 가르침에 통일성이 없고 목사들이 자기 소견에 옳은 것을 가르칠 뿐이다. 신앙고백서에 요약된 핵심을 가르치

부터의 변형이 만연했던 것입니다. 그러나 주님은 자신의 백성을 잊지 않으셨습니다.

이런 가운데 하나님은 헨드릭 더 콕, H. P. 스콜터, S. 판 펠젼 그리고 다른 많은 사람과 같은 신실한 사람을 일으키셨습니다. 이 사람들은 네덜란드 국가교회 안에 들어온 현대주의의 영향에 저항했습니다.

그들은 국가교회에 의해 그들에게 강요된 현대주의적 설교를 거부했습니다. 그들은 교회의 공예배에 도입된 복음송을 거부했습니다. 그들은 많은 교회 가운데 교회의 권징이 결핍된 것에 저항했습니다. 그들은 성례가 모욕받는 것에 저항했습니다. 한 현대주의 목회자는 성찬을 집례하는 자리에서 성찬을 조롱하기까지 했습니다. 그들은 벨기에 신앙고백으로 돌아가기를, 도르트 신조로 돌아가기를 원했습니다. 그러나 이는 1834년에 울룸에서 헨드릭 더 콕의 면직을 가져오고 말았습니다.

1834년 10월 14일에 울룸교회는 네덜란드 국가교회로부터 분리하기로 결정했습니다. 이 분리의 이유는 결의문 자체에 소개되어 있습니다. 이것은 고립된 행동이 아니었고 다른 많은 교회가 곧장 동참했습니다. 이 분리는 1834년의 분리(Afscheiding)로 알려지게 된 것입니다.

캐나다 개혁교회는 그들의 유산을 이 개혁으로부터 찾습니다. 분리 교회의 다수는 추후 1892년의 연합에 가담하게 됩니다. 이로써 네덜란드 개혁교회(Gereformeerde Kerken Nederland, GKN)가 탄생하게 됩니다. 1944년에 해방파 교회들은 이 연합으로부터 나온 것이었습니다.[8]

〈분리 또는 복귀에 대한 결의〉에 우리가 특별한 관심을 가지는 것은 분명합니다. 이것은 우리의 유산입니다. 이 결의문은 우리의 선조들이 무

지 않아서 말씀의 권위가 제대로 나타나지 않으면 설교와 생활은 윤리적인 수준에 머물고 그릇된 의미의 교권(敎權)이 세력을 떨친다." 김헌수, "네덜란드 개혁교회의 역사(3)"「성약 출판 소식」69 (2009년 1월).

8 제1장 말미의 도표를 참조하라.

엇을 했으며 왜 그것을 했는지를 돌아보게 합니다. 이는 그리스도에 대한 열정적 사랑과 그분의 신부 안에 있는 순결성에서 나온 것입니다.

참고 자료[1]

국내 단행본

김정기. 『티네커 메이어의 개혁파 인생교실』. 서울: 세움북스, 2023.

국내 번역 단행본

로저 올슨. 『현대 신학이란 무엇인가』. 김의식 역. 서울: IVP, 2021.
론 글리슨. 『헤르만 바빙크 평전』. 윤석인 역. 서울: 부흥과개혁사, 2014.
루이스 프람스마. 『그리스도가 왕이 되게 하라』. 이상웅·김상래 공역. 서울: 복있는 사람, 2019.
리처드 마우. 『아브라함 카이퍼』. 강성호 역. 서울: SFC, 2020.
스탠리 J. 그렌츠 외 2인. 『신학 용어 사전』. 진규선 역. 서울: IVP, 2022.
스탠리 J. 그렌츠, 제이 T. 스미스. 『윤리학 용어 사전』. 이여진 역. 고양: 도서출판 100, 2018.
제임스 에글린턴. 『바빙크』. 박재은 역. 군포: 다함, 2022.
폴 얀 뷔셔. 『복음을 향한 열정, 세계를 향한 열정』. 조호영 역. 서울: 나눔과섬김, 2015.
프랑크 판 더 폴. "칼빈과 네덜란드". 헤르만 셀더하위스 편. 『칼빈 핸드북』. 김귀탁 역. 서울: 부흥과개혁사, 2018: 183-200.
필립 샤프. 『교회사 전집 7, 독일 종교개혁』. 박종숙 역. 고양: 크리스천다이제스트, 2004.
켈리 M. 캐픽, 웨슬리 벤더 럭트. 『개혁 신학 용어 사전』. 송동민 역. 고양: 도서출판 100, 2018.
헤르만 바빙크. 『개혁교의학 1, 4』. 박태현 역. 서울: 부흥과개혁사, 2011.

---

1   본서를 편역하는 과정에 참고한 자료들이다.

_____. 『개혁파 윤리학 1』. 박문재 역. 서울: 부흥과개혁사, 2021.
_____. 『교회를 위한 신학』. 박태현 역. 서울: 다함, 2021.
후스토 루이 곤잘레스. 『신학 용어 사전』. 정원래 외 2인 역. 서울: 그리심, 2014.
C. 스티븐 에반스. 『철학・변증학 용어 사전』. 김지호 역. 고양: 도서출판 100, 2018.
J. 캄파위스. 『개혁 그리스도인과 신앙고백의 특징』. 김헌수 역. 서울: 성약, 2013.

국내 정기 간행물

김헌수. "네덜란드 개혁교회의 역사(1)". 『성약 출판 소식』. 2008년 9월 67호.
_____. "네덜란드 개혁교회의 역사(2)". 『성약 출판 소식』. 2008년 11월 68호, 2009년 1월 69호.
_____. "네덜란드 개혁교회의 역사(3)". 『성약 출판 소식』. 2009년 1월 69호.
류성민. "마르부르크 조항 연구", 「갱신과 부흥」, 22 (2018): 7-38.
_____. "츠빙글리와 멜란히톤, 마르부르크 회의의 양자회담을 중심으로", 「갱신과 부흥」, 24(2019): 55-84.

해외 자료

Faber, Riemer. "The Introduction of Evangelical Hymns in the Dutch Reformed Churches: The Reaction in the Secession of 1834." *Clarion* 52 (2003): 582-585.
Gockel, Matthias. "Mediating Theology in Germany". *The Blackwell Companion to Nineteenth-Century Theology*. edt. David Ferguson. UK, West Sussex: Wiley-Blackwell, 2010: 301-318.
Keizer, Gerard. *De Afscheiding van 1834*. Kampen: J. H. Kok, 1934.
Pronk, Cornelis. *A Goodly Heritage*. MI: Reformation Heritage Books, 2019.

웹사이트

biografischportaal.nl
byk2739.tistory.com/109
canrc.org/the-belgic-confession

catechism.tistory.com/1164
catechism.tistory.com/1170
sampowelldotnet.files.wordpress.com/2015/07/neology.pdf
spindleworks.com/library/smith/scaneva.htm
sybook.org

유튜브 동영상[2]

성유은. "네덜란드 개혁교회 목회 현장 이야기". 2022. 5. 4.
유해무. "바빙크의 생애와 사역". 부흥과개혁사: 창사 13주년 기념 강좌, 2011. 10. 17.
제임스 에글린턴. "헤르만 바빙크: 기독교 대가의 초상화". 고신대학교 개혁주의학술원: 제12회 칼빈학술세미나, 2021. 5. 4.
헤르만 셀더르하위스. "헨드릭 드 콕의 영성." 고신대학교 개혁주의학술원: 제15회 종교개혁기념학술세미나, 2020. 11. 5.

---

2 유튜브에서 강의 제목으로 검색하면 해당 자료들을 볼 수 있다.